KB218722

복 있는 사람

오직 여호와의 율법을 즐거워하여 그 율법을 주야로 묵상하는 자로다.
저는 시냇가에 심은 나무가 시절을 좇아 과실을 맺으며 그 잎사귀가 마르지 아니함 같으니
그 행사가 다 형통하리로다.(시편 1:2-3)

기도

Karl Barth Das Vaterunser nach den Katechismen der Reformation

칼 바르트 기도

종교개혁 교리문답에 따른 주기도 해설

칼 바르트 지음 | **오성현** 옮김

복 있는 사람

칼 바르트 기도

2017년 10월 17일 초판 1쇄 인쇄
2017년 10월 24일 초판 1쇄 발행

지은이 칼 바르트
옮긴이 오성현
펴낸이 박종현

도서출판 복 있는 사람
주소 서울특별시 마포구 연남동 246-21(성미산로23길 26-6)
전화 02-723-7183, 7734(영업·마케팅) 팩스 02-723-7184
이메일 blesspjh@hanmail.net
등록 1998년 1월 19일 제1-2280호

ISBN 978-89-6360-233-2 03230

이 도서의 국립중앙도서관 출판시도서목록(CIP)은
서지정보유통지원시스템 홈페이지(http://seoji.nl.go.kr)와 국가자료공동목록시스템
(http://www.nl.go.kr/kolisnet)에서 이용하실 수 있습니다. (CIP 제어번호: 2017026084)

Das Vaterunser nach den Katechismen der Reformation
by Karl Barth

차례

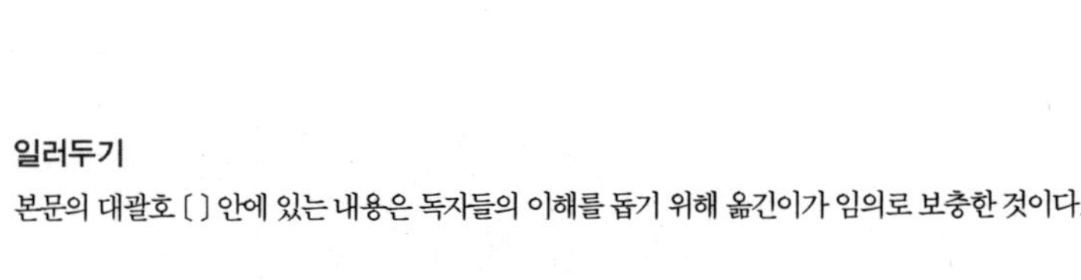

일러두기

본문의 대괄호 〔 〕 안에 있는 내용은 독자들의 이해를 돕기 위해 옮긴이가 임의로 보충한 것이다.

해설의 글

"바르트가 기도의 신학자라고요? 그건 학문적으로 볼 때 너무 지나친 표현입니다!" 이것은 20세기 신학의 교부라고까지 칭송받는 바르트의 사상에서 기도의 중요성에 관한 박사 논문을 작성한다는 말을 듣고 한 독일 신학자가 보인 반응이다. 학계나 대중에게 흔히 소비되는 바르트의 이미지는 하나님의 초월성을 지나치게 강조하다 인간의 자유, 영성, 문화 등을 낮게 평가한 신학자다. 하지만 이 같은 편견 없이 바르트의 저서를 읽어나가다 보면, 그의 신학의 핵심에 기도가 놓여 있음을 어렵지 않게 발견할 수 있다. 아니, 더 정확하게 말하자면 바르트는 학문성의 강박에 사로잡혔던 지난 세기 신학에 경종을 울리며 기도와 결합된 교의학을 전개했다고 할 수 있다. 일례로 바르트는 자신의 첫 교의학 강의를 위대한 중세 신학자의 기도를 소개하며 시작한다.

> 토마스 아퀴나스가 그의 『신학대전』의 도입부에 기도를 놓았다는 점이 중요합니다. "자비하신 하나님, 당신께서 기쁘신 대로, 당신의 이름의 영광을 위해, 제가 성실히 찾고 조심스럽게 탐구하며 진실하게 알며 완벽히 표현할 수 있게 하소서." 만약 세상에 치명적으로 위험한 일이 있다면, 시작뿐만 아니라 중간과 마지막에 이르기까지 가장 높으신 분의 이름을 최종적으로 의지하게 하는 일이 있다면, 그것은 바로 『신학대전』 곧 교의학입니다. 한 마디만 꼭 더하자면, 토마스의 시대보다 실질적으로 훨씬 위험하고 혼란스러운 우리의 현실 상황에서 기도가 이루어져야 합니다.[1]

바르트에게서 기도는 신학을 가능하게 할 뿐만 아니라, 신학의 본성과 목표를 결정한다. 그리고 기도는 성령과 함께하는 그리스도인의 삶에 없어서는 안 될 그 무엇이다. 그렇기에 바르트는 누구보다도 기도에 대해 많은 글을 남겼고, 자신의 신학의 핵심

1 Karl Barth, *The Göttingen Dogmatics: Introduction in the Christian Religion*, Vol. 1. trans. Geoffrey Bromiley(Grad Rapids: William B. Eerdmans, 1990), 3.

에 기도의 자리를 마련해 놓았다. 기도를 이토록 중요시한 바르트는 왜 다른 한편으로는 기도에 대해 날카로운 비판의 날을 세웠다는 오명을 받았을까? 기도에 대해 얼핏 보기에 모순되어 보이는 바르트의 입장 이면에는 그만의 독특한 신학적 논리, 혹은 변증법적 긴장이 숨어 있다. 그의 글에 깊게 배여 있는 인간을 향한 하나님의 부정Nein!과 긍정Ja!을 함께 보지 못한다면, 그의 사상의 영성적 측면을 놓치게 될 뿐 아니라 그의 신학이 무엇을 지향하는지도 알기 힘들다.

우리의 희망이 되는 성령의 탄식

『로마서』는 30대 초반 시골 목사에 불과했던 바르트에게 세기를 뒤흔든 신학자로서 명성을 안겨 줬다. 사실 『로마서』에는 이후 수십 년간 역동적 형태로 발전해 갈 그의 사상을 이해하는 중요한 실마리가 많이 들어 있다. 하지만 혈기 넘치던 당시 바르트의 과격한 언어와 역동적 수사는 적잖은 오해를 안겨 주기도 했다. 그중 하나가 기도를 포함한 인간의 경건과 종교적 수행에 대해 바르트가 무관심을 넘어 적대적 태도를 보였다는 '설'說이다. 사실 텍스트의 표면적 의미에 머무르면 그가 여기저기서 기도를 비판하는 것처럼 보이기도 한다. 물론 바르트는 경건에 이르고자 하는 인간의 왜곡된 노력의 일환으로 하는 기도를 철저히 비판했다. 하지만 다른 한편으로 그는 기도의 진정한 가능성을 삼위일체의 은혜 안에서 발견하려 했다. 『로마서』에서 진정한 기도에 대해 바르트가 설명하는 부분을 인용한다.

> 우리는 기도한다. 그러나 성령이 친히 우리를 위하여 탄식으로 간구하신다. 그 간구는 우리의 언어로 옮기면, 우리에게는 불가능한 환호성의 노래가 될 수밖에 없으므로, 우리의 입술로는 제대로 발설되지 않은 채 머문다……. 우리가 기도의 높은 단계, 더 높은 단계, 아주 높은 단계에 도달했다는 사실은 전혀 중요하지 않다. 왜냐하면 이런 사다리는 제아무리 하늘로 올라가는 사다리처럼 보일지라도 거짓 신의 영역, 이 세상의 신(고후 4:4)의 영역에 있기 때문이다. 그러나 또 다른 분, 영원하신 분, "하늘에서 오신 둘째 사람"(고전 15:47)께서 우리를 대신하여 하나님 앞에서 우리 자리에 강력하게 서 계신다. 이것이 우리 기도의 칭의요, 우리와 하나님의 사귐의 현실성이다.[2]

하나님께 이르려는 경건으로 가장한 안달을 멈출 때, 확고 불변한 진리를 움켜쥐고 소유하려는 강박을 내려놓을 때, 우리를 용

2 칼 바르트, 『로마서』, 손성현 옮김(서울: 복 있는 사람, 2017), 668.

납하시고 우리에게 말씀을 건네는 은혜의 하나님을 진정으로 만나게 된다. 그 은혜는 불안과 그릇된 욕망으로부터 솟아 나온 기도를 우선 부정한다. 하지만 그 은혜는 무엇을 기도할지도 모르는 이를 위해 간구하시는 성령을 통해 참 기도의 가능성도 선사한다. 그렇기에 바르트는 자기 신학의 핵심을 다음과 같이 한마디로 요약한다. "'창조주이신 성령이여, 오시옵소서!' Veni creator spiritus! 라고 탄식할 때 더욱 희망이 있다."[3] 달리 말하면, 하나님의 긍정과 부정이라는 변증법은 사변적 신학 원리가 아니라, 기도라는 하나님과 인간 사이의 인격적이고 대화적인 활동 속에서 올바로 인식될 수 있다. 그 변증법은 긍정과 부정의 팽팽한 대립이 아니라, (죄인을 용납하는 은혜의 하나님을 계시하는) '칭의' 사건처럼 심판의 아픔보다 환대의 기쁨 쪽으로 추가 기울어져 있다.

기도를 통해 인식되는 하나님의 긍정과 부정은 바르트 신학에 배어 있는 독특한 긴장감을 잘 설명해 준다. 영원하신 하나님의 계시는 유한한 인간에게 감춰져 있기에 신학이란 인간에게 불가능한 작업이다. 그러나 예수 그리스도 안에서 하나님께서 자기 자신을 계시하셨기에 인간은 하나님을 알 수 있고 신학을

3 칼 바르트, "그리스도교적 선포의 필요와 약속", 『말씀과 신학』, 바르트 학회 공역 (서울: 대한기독교서회, 1995), 159.

할 수도 있다. 이 불가능성의 가능성impossible possibility은 우리의 연약함을 도우시고자 우리를 위해 친히 간구하시는 "성령의 말할 수 없는 탄식"(롬 8:26)의 멋들어진 표현일 따름이다. 성령의 탄식은 우리가 우리의 연약함과 무능력에도 불구하고 하나님께 기도하고 그분에 대해 말할 수 있는 충분한 이유가 된다. 그렇기에 바르트는 이렇게 말한다. "신학 작업은 반드시 기도와 함께 시작되고 기도를 동반해야 할 뿐만 아니라, 반드시 기도 안에서 수행되어야 하는 작업이다."[4] 우리의 능력, 욕망, 필요가 아니라 삼위일체 하나님의 은혜가 신학과 기도의 출발점이자 토대가 된다.

이렇게 바르트는 성령을 통해 창조된 기도의 가능성, 그리고 기도와 함께하는 인간의 겸손한 활동으로서 신학의 본질을 아름답게 보여줬다. 혹자는 이러한 바르트의 접근이 하나님과 인간 사이의 대화로서 기도의 구체성을 없애 버리고, 기도를 신학의 추상적 원리로 삼아 버린다고 비판하기도 한다. 하지만 이는 바르트가 그리스도인의 삶에서 기도의 필요성과 중요성에 대해 얼마나 큰 관심을 기울였는지를 제대로 파악하지 못해서 나온 오해다.

4 칼 바르트, 『칼 바르트 개신교신학 입문』, 신준호 옮김(서울: 복 있는 사람, 2014), 173.

경이에서 솟아나는 기도, 기도가 선물하는 놀라움

기도와 교의학, 영성과 이론 사이에 다리를 놓는 바르트의 기획은 실제 그의 강의실에서 변화로 이어졌다. 1931-1932년경 『교회 교의학』 1권의 내용으로 강의하면서부터 바르트는 『헤른후트 기도서』*Losung*를 읽고 학생들과 찬송을 하는 짧은 기도회로 수업을 시작했다.[5] 물론 그의 글에도 변화가 감지된다. 이전에 바르트가 인간의 뒤틀린 욕망에서 나오는 기도를 심판하고 진정한 기도를 가능하게 하는 성령의 기도에 강조점을 두었다면, 1940년대 중반을 넘어가며 하나님 자녀로서 '그리스도인의 기도'에 대한 관심이 높아지고 글도 많이 남기게 된다. 특별히 1947-1949년에 이루어졌던 세미나 노트를 출판한 『기도』, 섭리론과 창조의 윤리를 각각 다룬 『교회 교의학』 III/3과 III/4, 바르트의 백조의 노래라 불리는 후기작 『개신교신학 입문』, 그가 죽은 후 강의 노트를 편집한 『그리스도인의 삶』 등에서 인간에게 주신 하나님의 '선물'이자 '명령'으로서 기도에 대한 깊고도 풍성하며 도전적인 신학적 성찰이 지면을 통해 펼쳐진다.[6]

5 에버하르트 부쉬, 『칼 바르트: 20세기 신학의 교부, 시대 위에 우뚝 솟은 신학자』, 손성현 옮김(서울: 복 있는 사람, 2014), 377.

6 I. John Hesselink, "Karl Barth on Prayer," in Karl Barth, *Prayer: 50th Anniversary Edition*, ed. Don E. Saliers, trans. Sara F. Terrien(Louisville:

바르트가 적극적 의미에서 인간의 행동으로서 기도를 설명하려 할 때, 그는 '인간의 약함과 무능에도 불구하고 어떻게 기도가 가능한가'라는 문제를 넘어서야 했다. 바르트는 종교개혁자들의 통찰을 빌려 인간의 기도보다 앞서 있는 하나님의 응답, 즉 하나님께서 우리 기도를 들으신다는 약속으로부터 기도의 가능성을 찾으려 했다(이 책 65쪽).[7] 나아가 바르트는 (그의 다른 신학에서와 마찬가지로) 이에 그리스도론적 색채를 더욱 강하게 입혔다. 인간이 되신 하나님, 즉 예수 그리스도 자신이 인간의 모든 기도보다 앞선 하나님의 응답이 되신다. 그리스도는 욕망, 불안, 부족함으로 흔들리며 기도하는 인간을 대표하신다. 그리고 하나님께서는 이러한 부정적 반응과 감정을 그리스도 안에서 우리를 위해 다 받아들이셨다. 따라서 "그리스도인의 기도란 예수 그리스도 안에 참여하는 것"[8]이고, 성령을 통해 우리는 참 기도자이신 그리스도와 연합한다. 인간의 기대와 예상을 넘어서는 은혜의 환대 때문에 기도는 인간에게 경이를 불러일으킨

Westminster John Knox Press, 2002), 74–75.

7 Karl Barth, *Church Dogmatics* III/4, ed. Thomas Torrance and Geoffrey Bromiley(Edinburgh: T & T Clark, 1976), 106; 칼 바르트, 『교회 교의학 III/3: 창조에 관한 교의』, 윤응진 옮김(서울: 대한기독교서회, 2016). 이하 『교회 교의학』 영역본 *Church Dogmatics*는 *CD*로 표기하기로 한다.

8 *CD* III/3, 282.

다. 이것은 아리스토텔레스가 말했던 철학의 시발점이 되는 놀라움과는 차별되는 아주 특이한 경이라 할 수 있는데,[9] 그 이유는 "자신이 하나님 말씀 덕분에 그리스도인이 될 수 있는 상황 속에 놓였다는 위대한 놀라움"[10]이기 때문이다.

따라서 인간적 지평에서 볼 때도 기도의 핵심은 인간의 욕망이나 경건이 아니라, 하나님과 친밀한 관계 속에 들어와 있는 자신을 발견하게 되면서 우러나는 형용 못할 '놀람'이다. 기도는 우리가 찾기도 전에 우리를 찾아오신 하나님에 대한 반응이자, 낯선 타자이신 하나님을 아버지라 부르게 된 은혜의 기적에 대한 놀라움의 표현이다. 삼위일체 하나님의 은혜로부터 솟아난 이 위대한 경이로부터 기도의 다양한 모습, 즉 "찬양과 감사, 고백과 참회, 간구와 중보, 그리고 다시 찬양과 감사"[11]가 나온다. 놀람으로부터 기도의 여러 형태가 흘러나왔기에, 바르트는 이들의 차이를 날카롭게 구분하지는 않는다. 그럼에도 그는 '간구'야말로 가장 중요하고 진실한 기도라고 생각했다.

우리는 흔히 간구를 인간이 하나님께 간절히 바라고 구하는 기도라 생각한다. 하지만 바르트는 간구의 의미 역시 뒤집

9 Aristotle, *Metaphysics*, 1. 982b.

10 *CD* III/3, 266. 바르트, 『칼 바르트 개신교신학 입문』, 71 참조.

11 *CD* III/3, 266.

어 생각한다. 간구가 무엇보다도 중요한 이유는 인간 자신의 부족함에 대한 인식이자 하나님의 은혜에 대해 전적으로 의존한다는 고백이기 때문이다. 그렇기에 진정한 간구의 이면에는 로마서 8장이 보여주듯 성령의 중보가 있고,[12] 주기도가 보여주듯 아버지를 부르는 인간을 대표하는 하나님의 아들이 있다.[13] 그렇기에 간구의 참 목표는 우리가 구하는 것에 대한 응답이 아니라, 그리스도에 의해 세워졌고 성령에 의해 현실화되는 하나님과의 '아버지-자녀' 관계 속으로 들어가는 것이고, 자기 자신을 기꺼이 선물로 주시는 하나님을 감사히 받는 것이다.

간구가 중요한 또 다른 이유는 간구가 인간의 참모습뿐만 아니라 하나님이 누구신가도 알려 주기 때문이다. 간구는 하나님께서 우리의 기도에 응답하신다는 믿음과 함께 시작하기에, 추상적 타자나 부동의 동자[the Unmoved Mover]가 아닌 인격적이고 자비로운 하나님을 알려 준다.[14] 다른 한편으로 간구는 어제도 오늘도 찾아오셔서 예기치 않는 방식으로 우리 기도에 응답하시는 하나님을 향해 삶을 개방하게 하기에, 인간이 근원적으로 희망의 존재임을 드러내 준다. 바르트는 다음과 같이 말한다. "우

12 *CD* III/4, 98.

13 *CD* III/3, 268; *CD* III/4, 103-105.

14 *CD* III/3, 269.

리는 그 베일을 벗겨야 합니다. 우리가 기도한다면, 우리의 인간적 성향들은 베일을 벗게 되며, 우리가 이런 곤궁과 또한 이런 희망 속에 있음을 알게 됩니다. 우리를 이와 같은 상황으로 인도하신 분은 하나님이십니다."(이 책 63쪽) 물론 인간 삶에 각인된 고통과 희망 사이의 갈등은 현실 세계 속에서는 결코 해소되지 않겠지만, 우리가 하나님께 간구할 수 있는 존재라는 사실 때문에 고통은 결코 희망을 삼키지 못한다.

이처럼 간구는 하나님과 인간 사이의 참 관계가 무엇인지 보여준다. 성령 안에서 기도하면서 그리스도인은 하나님을 초월적 창조주나 무서운 심판자가 아니라 자녀가 구하는 것을 기뻐 들으시는 자비로운 아버지로 만나고 경험하게 된다. 또한, 하나님의 아들이신 예수 그리스도께서는 '자신처럼' 기도하라고 직접 명령하셨다. 주께서 가르치신 기도가 간구로 이루어졌다는 사실은 그리스도인이 하나님께 구하고 말할 수 있는 특권과 담대함을 하나님의 자녀로서 이미 받았음을 전제하고 있다. 그렇기에 주기도를 단지 기도의 '방법'에 관한 것이라 생각해서는 안 되고, 그 신학적 의미를 깊게 성찰할 필요가 있다.

기도하고 일하라

바르트는 언제나 그리스도 중심적이다. 그렇기에 주기도에 대한 그의 신학적 성찰도 '예수 그리스도가 누구신가?'라는 질문에서부터 시작된다. 바르트가 볼 때 예수 그리스도는 우리의 '중보자'이자 '간구자'가 되시는 분이다. 중보자 되신 그리스도의 간구 덕분에 우리의 모호하고 무분별한 기도는 그분의 진실한 간구의 반복으로 변화한다. 주기도에 나오는 '우리'라는 단어는 개인들이 그리스도 안에서 '우리'의 상호 교제 안에 놓였음을 알려 준다. 이것은 단지 수사학적 과장이 아니라, 그리스도와 그리스도인의 하나됨, 그리스도를 통한 하나님과 인간의 연합을 반영하는 '존재론적' 의미를 가진다.[15] 그렇기에 주기도의 여섯 간구는 단지 어떻게 기도하라는 세세한 주문이 아니라, 성령을 통해 그리스도에 참여하라는 은혜로운 초청이다.[16]

하지만 여기서 바르트가 주기도를 이해하는 방식을 곡해해서는 안 된다. 즉 우리가 아무렇게나 간구한다 하여 이것이 곧바로 그리스도의 기도와 동일시되는 것은 결코 아니다. 성령은 참 기도의 스승이시자, 우리 기도를 그리스도의 기도 속으로 들어 올리시는 중보자이시다.(이 책 36, 60-61쪽) 성령 안에서 우리는 그리스도와 함께 기도하게 되고, 이로써 하나님의 생명뿐만

15 *CD* III/4, 102.

16 *CD* III/3, 280.

아니라 세상을 향한 그리스도의 사역에도 참여하게 된다. 이 지점에서 우리는 바르트의 기도 신학이 개인적 영성 수련을 넘어 강한 윤리적 성격을 가지게 됨을 발견할 수 있다.

하나님 아들의 성육신은 '세상'을 목표로 하고 있기에(요 3:16), 신앙 공동체의 주님은 또한 이 세계의 주님이시기도 하다.[17] 이는 그리스도인이 배타적으로 교회에 속한 것이 아니라, 교회와 세속 사회에 동시에 거하는 이중적 실존을 가짐을 의미한다. 인간이라면 누구나 세계 속으로 던져진 존재이지만, 그리스도인은 세계를 그리스도의 몸으로서 마주한다. 성령의 능력 안에서 그리스도인은 일상에서 그리스도의 현존을 경험하며 행동하는 특수한 존재가 된다. 즉 그리스도인은 세상을 '그리스도와 함께' 그리고 '성령을 통해' 마주하기에, 일반인이 세상에 참여하는 방식과는 다른 '사회적 실존'을 가질 수밖에 없다.

그리스도인이 세계를 대면할 때 그리스도를 매개로 한다는 '간접성'은 세속에서 삶의 독특성을 자아낸다. 교회에서 말씀을 접할 때와는 달리, 교회 밖에서 그리스도인은 "하나님의 말씀 안에서 성령과 마주하지 않을 것이다……. 그런 의미에서 〔세속

17 *CD* III/3, 256.

에서〕 그는 탄탄한 기반을 결코 찾지 못할 것이다."[18] 즉 하나님 말씀이 분명하게 들려오지 않고 말씀을 어떻게 살아낼지 당혹스럽게 하는 세속에서의 삶은 그야말로 불확실하고, 부서지기 쉬우며, 무의미하기까지 하다. 그럼에도 그리스도는 세상의 주님이시고, 교회 밖에서도 그리스도인은 성령을 통해 그분께 참여하기에, 일상에서 그리스도인의 삶은 기도하며 부단히 하나님의 뜻을 찾는 과정이기도 하다.

> 오직 성령을 통해 〔그리스도인은〕 상황을 이해하고, 기회를 파악하며, 불가능성 속에서 가능성을 구분하고 선택하는 것을 배울 수 있다. 그리스도인이 씨름해야 할 상황과 기회, 가능성, 불가능성 자체는 어떤 신적이고 무오한 말씀을 가지고 있거나 선포하지 않는다. 〔다양한 상황과 기회, 가능성, 불가능성〕 한가운데서 그리스도인은 오직 임시적 확실성만 가지고 발걸음을 내디딜 뿐이다……. 오직 성령만이 그의 발길을 가야 할 방향으로 묶으시며, 그럼으로써 진정한 자유 안에서 그가 길을 가도록 그를 자유롭게 하신다. 오직 성령만이 그에게 올바른 판

18 *CD* III/3, 257-258.

단을 내리도록 빛을 비춰 주고 힘을 줄 수 있다.[19]

이처럼 세상 안에서in 그리고 세상을 위한for 그리스도인의 삶은 기도 속에서 영적 분별을 하는 것에서 시작된다. 성령 안에서 그리스도인은 예수 그리스도께서 교회에 부여한 사명에 참여하며 일상에서 그분과 함께 일하게 된다. 그렇기에 바르트는 "이 세상에서 하나님 일을 가장 적극적으로 하는 일꾼이나 사상가, 투쟁하는 자들은 기도에서도 가장 열심이었고……그들은 기도를 시간 낭비라 생각하지 않았다"[20]는 사실을 강조한다.

인간의 불완전함과 연약함을 가식 없이 바라보고 인정하면서 시작된 바르트의 기도 신학은 성령 안에서 기쁨과 감사로 살아가는 그리스도인의 삶에 대한 비전을 빚어내며 정점에 이른다. 그런 의미에서 바르트의 사상과 삶의 핵심에 '오라 엣 라보라'*Ora et labora*, 기도하고 일하라가 놓여 있다 해도 과장은 아닐 것이다. 단, 원래 이 문구를 표어로 사용했던 베네딕트 수도회가 '기도'와 '노동'을 하나님을 찾는 두 길로 제시한 것이라면, 바르트에게 '오라 엣 라보라'는 그리스도인의 삶의 시작, 세속에서 윤리

19 *CD* III/3, 258.

20 *CD* III/3, 264.

적 성찰과 실천의 출발점으로서 기도의 중요성과 필요성을 강조하고 있다고 할 수 있다.

너희는 이렇게 기도하라

바르트가 기도를 그리스도론적으로 전개했다는 것은 자연스럽게 그가 주기도를 중시했음을 짐작하게 해준다. 앞에서 언급한 대로 바르트는 『기도』 외에도 『교회 교의학』 곳곳에서 주기도를 언급했고, 그의 마지막 강의였던 화해의 윤리 곧 『그리스도인의 삶』 역시 주기도에 대한 방대한 주석으로 이루어질 계획이었다. 안타깝게도 이 미완성 프로젝트에는 주기도의 첫 두 간구에 대한 원고밖에 남아 있지 않지만(하지만 그것만으로도 사후에 출판된 독일어판 분량이 약 250쪽에 달한다!), 주기도가 "그리스도인의 삶의 윤리의 핵심"[21]임을 보여주는 데 부족함이 없다.

주기도에 관한 바르트의 어떤 글을 보더라도 영성과 신학, 기도와 윤리의 조화에 대한 바르트의 깊은 관심과 통찰을 발견할 수 있다. 하지만 이번에 번역·출판되는 『기도』는 주기도 전체에 대한 바르트의 주석이자, 종교개혁 신학을 통한 목회적 해

21 Hans-Anton Drewes and Eberhard Jüngel, "Preface," in Karl Barth, *The Christian Life: Church Dogmatics IV/4: Lecture Fragments*, trans. Geoffrey W. Bromiley(London: T & T Clark, 1981), ix.

설이라는 점에서 큰 의의를 지닌다. 무엇보다 이 책은 두껍지 않고 누구나 이해할 수 있는 쉬운 언어로 쓰였음에도, 그 신학적 통찰의 깊이와 번뜩임이 그의 다른 대작에 절대 뒤떨어지지 않는다는 점에서 큰 매력을 가지고 있다. 저술의 분량과 난이도 때문에 이제껏 바르트를 접하기 부담스러워한 독자가 있다면, 국내에 나와 있는 여러 바르트 번역서 중 이 책부터 읽어 나가면 그의 신학의 정수를 큰 어려움 없으면서도 균형감 있게 파악하게 되리라 기대한다.

—

그리스도교는 예수 그리스도의 성육신을 궁극적 진리이자 다른 모든 것을 판별하는 기준으로 받아들여 왔다. 그렇기에 성육신의 진리를 '아는' 것(요일 4:2)과 진리 안에 '거하고 행하는' 것(요이 1-4)은 그리스도인교의 핵심을 구성하는 두 축이다.[22] 성육신의 스캔들을 진리로 고백하는 그리스도교의 특수성은 신학과 삶이 분리될 수 없는 중요하고 결정적 이유가 된다. 근대에 발생한 교리와 영성 혹은 이론과 기도의 분열이 단지 역사 발전

22 Hans Urs von Balthasar, "Theology and Sactity," In Word and Redemption, trans. A. V. Littledale(New York: Herder and Herder, 1965), 181-182 참조.

의 자연스러운 혹은 피치 못할 결과로 인식되는 데 본능적인 거부감이 드는 이유도 바로 여기에 있다.

이러한 세태에 저항하며 기도를 신학의 핵심으로 되돌리려고 했던 대표적 현대 개신교 신학자가 바로 바르트다. 그는 단지 근대 이전에 있었던 교리와 영성의 조화만을 새롭게 회복하는 것이 아니라, 근대 이후 신학의 화두였던 신학과 윤리의 통합도 경이로운 방식으로 이끌어 냈다. 그런 의미에서 『기도』는 바르트를 단순히 이론신학자로 치부하는 선입견을 넘어 그의 사상의 진수를 맛보게 해줄 뿐만 아니라, 신학활동이나 신앙생활에서 놓쳐서는 안 될 그리스도교의 핵심을 각인시켜 주는 중요한 책이다. 주기도를 해설하는 바르트의 생생한 목소리를 듣기 원하는 이들의 시선을 지나치게 오래 붙잡고 있었던 장황한 해설을 마무리하며, 바르트가 남긴 목회기도문 중 한 편을 소개하고자 한다.

> 오, 위대하신 하나님! 주님께서는 우리를 높이고자 자신을 낮추셨습니다. 주님께서는 우리를 부유하게 하시려고 가난해지셨습니다. 주님께서는 우리가 주님께 갈 수 있도록 우리에게 오셨습니다. 주님께서는 우리를 영원한 삶으로 높이시려고 우리의 인간성을 스스로 짊어지셨습니다. 이 모든 것이 자유롭고

공로 없이 주님의 은혜를 통해 왔습니다. 이 모든 것이 주님의 사랑하는 아들, 우리 주이자 구원자이신 예수 그리스도를 통해 왔습니다.

우리는 이 신비와 경이를 알고 기도하기 위해 이 자리에 모였습니다. 우리는 주님을 경배하고, 주님의 말씀을 선포하고 들으러 왔습니다. 우리 마음과 생각이 주님을 향하도록 주님께서 자유롭게 만들어 주시지 않는다면, 우리 스스로는 그렇게 할 힘이 없다는 것을 잘 압니다. 지금 우리 가운데 현존하소서! 주님의 성령을 통해 주님께 갈 수 있는 길을 우리에게 열어 주소서. 그러면 우리 눈으로 이 세상에 오신 당신의 빛을 보고, 삶을 살아가는 중에 우리는 주님의 증인이 될 것입니다. 아멘.[23]

김진혁 교수

횃불트리니티신학대학원대학교 조직신학

23 Barth's pastoral prayer translated by Keith R. Crim in Barth, *Prayer*, 67.

옮긴이의 글

2017년을 맞이하여 한국 교회뿐만 아니라 세계 교회들이 500주년을 맞는 종교개혁의 의미를 되새기고 있다. 이 시점에 칼 바르트가 종교개혁 교리문답에 의거하여 주기도를 해설한 책을 번역하여 소개하는 것은 의미 있는 일이다. 바르트는 종교개혁이 단지 신학적 교리 논쟁이나 사회적·정치적 사건의 전개로만 설명될 수 있는 사건이 아니라고 여겼다. 종교개혁은 하나님의 사역에 사람들이 참여하게 해서 일어나게 했던 하나님의 사건이었으며, 이때 거기에 참여했던 종교개혁자들의 미덕이나 지혜나 경건성이 아니라 "한결같이 겸손하고도 대범했던 그들의 기도"를 통해 하나님이 행하신 사건이라고 바르트는 주장한다. 바르트는 종교개혁자들이 절체절명의 순간에 기도할 수밖에 없다는 것을 절실히 깨달았고, 그래서 그렇게 기도했으며, 또한 다른 교리적 문제와 달리 기도에 관해서만은 일치된 의견을 가졌다고 주장한다. 이런 점에서 바르트는 종교개혁자들의 교리문답에 따라 주기도를 해설하고, 이를 통해 기도에 대한 신학적 성찰을 우리에게 제공하고 있다. 종교개혁을 기도의 관점에서 바라보며, 기도를 종교개혁자들의 눈으로 바라보는 바르트의 통찰은 500주년을 맞이한 종교개혁의 의미를 새롭게 되새기려는 우리에게 더욱 풍부한 자양분을 공급할 것이다.

제2차 세계대전 패망 후 독일의 정치적·신앙적 재건을 염원하던 바르트는 대중과의 공감대를 더욱 적극적으로 형성하고자 하는 노력의 일환 속에서 학문적 글쓰기와 대학에서의 학문적 강의 외에 대중 강연에 힘을 기울인다. 이 책도 그의 대중 강연의 성격을 고스란히 드러내고 있다. 문어체보다는 구어체로 이루어져 있으며, 그의 다른 글들에 비해서 단문이며 복잡하지 않다. 그런 점에서 다른 저작과 비교할 때 독자들에게 좀 더 쉽게 다가올 것이다. 번역을 함에 있어서도 바르트의 목소리를 더욱 생동감 있게 독자들에게 전달하고자 경어체를 사용했다. 문장 구조의 단순함이 독자의 이해에 도움이 되기도 하지만 동시에 어려움을 야기하기도 한다. 세미나의 강연을 들었던 사람이 글로 옮겨 놓을 때 부득이 강연자의 비언어적 요소가 전달되지 않아서 강연자의 의도가 모호하게 느껴질 수 있기 때문이다. 그럼에도 불구하고 이 글의 단순한 문체는 대체로 어렵다고 알려진 바르트의 사상을 어느 정도 손쉽게 접근할 수 있는 길을 열어 준다는 장점을 가지고 있다.

이 책의 문체뿐만 아니라 주제도 일반 독자들에게 대체로 친숙하게 받아들여질 것이다. 기도가 그 주제로 다루어지고 있기 때문이다. 특히 교리나 신학보다는 종교적 체험을 중요시하는 경향이 강한 한국 교회의 신자들에게 기도라는 주제는 매우 '신앙적'으로 여겨질 것이다. 바르트에게 교리, 교의학, 설교, 말씀은 흔히 연상되는 개념들이지만 기도는 낯설게 보인다. 하지만 그에게 기도가 얼마나 중요한 신학적 관심사인지는 이 책에서 충분히 드러난다. 물론 열정적인 기도의 실천만큼이나 중요한 것은, 아니 그보다 더욱 중요한 것은 바른 기도의 시행이다. 그런 점에서 바르트는 이 책에서 기도를 신학적으로 철저히 고찰한다. 물론 종교개혁자 루터와 칼뱅의 신학적 고찰을 계승하고 발전시키면서 기도를 신학적으로 조명한다. 기도에 대한 신학적 고찰은 하나의 파편적 사색으로 멈출 수 없기에, 바르트는 이 주제에 자신의 신학적 통찰을 총체적으로 접목시킨다. 특히 그의 명성에 걸맞게 그리스도론적으로 기도를 조망하고 설명한다.

바르트에게 기도는 하나님의 선물이자 인간의 행위다. 하나님이 예수 그리스도의 삶과 죽음, 부활 속에서 이루어 놓으신 승리와 구원과 선들이 우리의 삶 속에 온전히 실현되기를 간구하라는 하나님의 명령에 순종하는 것이 기도이고, 그 원대한 하나님의 구원 사역에 인간이 동참하도록 허락하시면서 동참하도록 명령하고 초청하는 것에 우리가 응하는 것이 또한 기도이기 때문이다. 우리의 기도는 성육신하여 중보자 되신 예수 그리스도의 기도 안에 있을 수밖에 없으며, 그 주님의 기도를 따를 수밖에 없다. 주님의 기도 안에서 우리는 기도할 수 있는 근거를 얻게 되며 기도하는 방법을 배우게 된다. 이것이 바로 우리의 기도에 대한 고찰은 주기도에 대한 고찰이 될 수밖에 없다고 여기며 주기도의 해설에 따라서 기도에 대한 신학을 정립하려고 시도했던 바르트의 의도다.

오성현

독일어판 옮긴이 서문

칼 바르트는 기도에 관하여 깊이 생각했고 많은 저술을 남겼다. 그리고 실제로 기도했다. 기도에 관한 그의 저술 가운데 일부를 예로 들면 다음과 같다. 1936년 칼뱅 기념행사를 위해 바르트는 주기도에 대한 칼뱅의 해설을 번역하고 편집했다(Theol. Existenz heute, Heft Nr. 37). 『교회 교의학』 III/3, §49.4는 "아버지 하나님의 세계 통치 아래 있는 그리스도인"이라는 제목과 함께 "기도"를 명확하게 서술한다. 『교회 교의학』*Kirchliche Dogmatik* IV/3, §72.4도 "교회의 봉사"라는 제목 아래 열두 종류의 봉사를 설명하는데, 여기서 기도는 중요한 위치를 차지한다. 바르트는 또한 1940년대 말과 1950년대 말에 행하였던 자신의 설교에서 기도에 관련된 원고를 준비했고 새로운 구성을 선보였다(1949년 "두

려워 말라!", 1959년 "포로된 자의 해방", 1963년 "기도"). 마지막으로 바르트는 완성되지 못한 『교회 교의학』 IV/4에서 화해자 하나님의 계명에 대한 논의를 주기도의 관점에서 서술하려고 의도했지만, 이것은 실현되지 못했다. 그러나 이 내용 가운데 일부는 『교회 교의학』 IV/4에 대한 바르트의 예비 강의에서 다루어졌다. 주기도에서 아버지의 이름을 부르는 것("자녀들과 아버지", 이 책의 II.01—옮긴이)과 주기도의 처음 두 간구가 그 내용이다. 첫 번째 간구는 "하나님의 영예를 위한 열심"에서, 두 번째 간구는 "인간의 의를 위한 싸움"에서 다루어졌다(이 책의 II.02—옮긴이).

독자들의 손에 놓인 이 작은 책은 지금까지는 프랑스어로만 기록되어 있었고, 『기도』(*La prière*)라는 프랑스어 제목을 가지고 있었다. 이 책의 본문은 바르트 교수가 1947년 1월과 1948년 1월, 그리고 1949년 9월에 뇌샤텔Neuchâtel에서 행하였던 세 차례의 세미나를 룰랭Roulin 씨가 기록한 속기 노트에 의존하여 구성한 것이다. 룰랭은 자신의 서문에서 다른 사람의 생각을 다루는 것은 언제나 까다로운 일이라고 말한다. "더구나 바젤 출신의 이 교수님과 관련해서는 더욱 조심스런 작업이 필요하다." 오로지 프랑스어로 진행되었고 단지 속기 노트의 형태로만 존재하는 강의록을 이제 다시 한 번 다른 사람이 번역하는 상황이기에 어려움은 두 배가 되었다. 하지만 나는 이 작품을 "나의 사랑하는 독일어로 번역하는" 어려운 작업을 감행했다. 이 책의 신선하고 직접적인 서술이 독일의 많은 독자들에게 기쁨을 선사할 것이라고 생각했기 때문이다. 또한 이 책보다 정확하기는 하지만 이해하기는 더욱 어려운 『교회 교의학』의 서술에 쉽게 접근할 수 없는 사람도 이 작품만큼은 편하게 읽을 수 있을 것이다.

"주기도 소小해설"이라는 이 책의 출판을 부탁했을 때, 칼 바르트는 약간 주저했다. 그러나 마침내 출판을 허락해 준 것에 대해 그에게 진심으로 감사한다. 동시에 나는 바르트에게 "주기도 대大해설"(그리고 세례론)의 초반부라도—비록 그것이 미완성의 작품이라서 그가 꺼려하기는 하지만—출판해 줄 것을 부탁하고 싶다. 바르트는 "로마서 공부는 끝이 없다"라고 쓴 적이 있다. 주기도 공부도 마찬가지일 것이다.

사랑하고 존경하는 스승 칼 바르트 교수님이 속히 병환을 이겨내셔서 "어두워 갈 때에 빛이 있으리로다"(슥 14:7)라는 말씀이 이루어지기를 기원한다.

헬무트 괴스

슈투트가르트 울바흐, 1965년 1월

저자 서문

우리가 여기서 다루려는 주제는 "종교개혁 교리문답에 따른 기도의 이해"입니다. 이 주제를 곧바로 서술하기 전에, 종교개혁의 교리문답서들과 관련해서 주의해야 할 몇 가지 사항들을 먼저 소개하려고 합니다.

1. 교회의 개혁자들은 기도했습니다.

종교개혁은 우리에게 거대한 역사적 협력 작용으로서 다가옵니다. 학문적 연구, 사상, 설교, 토론, 투쟁, 단체의 조직 등이 함께 모여 그 협력 작용을 구성합니다. 하지만 종교개혁에는 이 모든 것 이상의 한 가지 사실이 따로 속합니다. 우리가 아는 모든 자료에 따르면, 종교개혁은 또한 끊임없는 기도의 행위였습니다.

즉 종교개혁은 (특정한) 인간들이 하나님께 간청하고—우리는 즉시 다음처럼 덧붙여야 합니다—활동한 것이었고, 동시에 하나님 편에서 그들의 기도를 들으셨던 행위였습니다.

루터의 『대교리문답』에서 우리는 인상적인 한 대목을 발견합니다. 거기서 몇 문장을 인용하면 다음과 같습니다.

"우리가 꼭 알아야 할 사실은 우리의 모든 방패와 보호가 오로지 기도에 있다는 것입니다. 권력을 가지고 있고 부하들을 거느리고 있는 마귀에 비하면 우리는 매우 연약합니다. 그렇기에 마귀와 맞서 싸워 승리하려면, 우리 그리스도인들은 마땅히 무장해야 할 무기를 손에 쥐어야 합니다. 만약 경건한 사람들의 기도가 우리의 편이 되어 강철과 같은 성벽이 되어 주지 않았더라면, 도대체 그 무엇이 지금까지 그렇게 큰 성과를 거두면서 우리 원수들의 계획과 의도들을—이를 통해 마귀는 복음과 우리를 억압할 수 있다고 생각했겠지만—막아내고 무력화시킬 수 있었을 것이라고 생각하십니까? 우리의 원수들은 우리를 조롱할 수 있습니다. 그러나 우리가 부지런히 버티고 지치지 않는다면, 단지 담대한 기도만으로도 원수들과 마귀에 충분히 맞설 수 있을 것입니다. 어떤 경건한 그리스도인이 '사랑하는 아버지, 당신의 뜻이 이루어지게 하소서'라고 간구할 때, 하나님께서는 그에게 '그래, 사랑하는 나의 자녀야, 마귀와 세상이 아무리 반대한다고 해도 나는 나의 뜻을 이룰 것이다'라고 응답하신다는 것을 우리는 알고 있습니다."

16세기의 사건들 안에는 많은 비밀이 담겨 있습니다. 그러나 우리는 여기서 특별히 중요한 한 가지 요소를 다루려고 합니다. 종교개혁과 관련해서 역사의 다른 시점들에서 우리가 발견하는 오류와 약점들이 발생했던 것은 아마도 사람들이 루터의 참된 의도를 알지 못했기 때문일 것입니다. 다시 말해, 사람들은 루터의 입으로부터 우리가 금방 직접 들었던 진술들이 진정으로 무엇을 말하려는 것인지 알지 못했다고 할 수 있습니다〔기도의 중요성을 강조하려 했던 루터의 진정한 의도를 말입니다.〕

2. 종교개혁자들은 기도의 중요성과 깊은 의미에 대해 의견이 일치했습니다.

우리가 다양한 교리문답서들의 본문들을 읽고 비교하다 보면, 루터나 칼뱅 혹은 『하이델베르크 교리문답』의 저자들의 고유한 목소리를 담고 있는 매우 분명하고 지배적인 관심사들이 서로 구별된다는 것을 알게 됩니다.

그러나 믿음에〔기도에〕 관련된 내용에서 어떤 모순을 발견하기란 어려우며, 불가능하다고 말할 수 있습니다. 예를 들어, 종교개혁자들 가운데 한 사람은 "기도란 하나님의 계명에 대한 순종"이라는 사실에 중점을 둡니다. 우리가 기도해야 하는 것은 하나님이 그것을 원하시기 때문이라는 것입니다. 사람들은 아마도 그렇게 말한 사람이 칼뱅이라고 쉽게 예상할 것입니다. 하지만 그렇게 엄격하고 거의 군대식인 생각, 곧 하나님은 명령하시고 인간은 그 명령에 순종해야 한다는 생각은 바로 루터의 것입니다. 다른 종교개혁자는 다음과 같이 강조합니다. "기도는 예수 그리스도께서 그분의 하늘 아버지 곁에서 빌어 주시는 중보에 근거해 있습니다." 사람들은 이렇게 말한 사람은 루터라고 기대할 것이지만, 실제로 그렇게 말한 사람은 칼뱅입니다.

또한 칼뱅은 〔기도에서〕 절대적으로 오로지 하나님께만 향해야 하고, 성인이나 천사들에게로 향해서는 안 된다는 점을 강조합니다. 우리는 기도에서 성령의 역할에 대해 말하는 사람도 제네바의 종교개혁자 칼뱅이라는 것을 알 수 있습니다. 다른 한편으로 『하이델베르크 교리문답』에서 우리가 지금 다루고 있는 주기도가 감사의 행위로 언급되는 것은 흥미롭고 강조할 만한 요소라고 생각됩니다.

우리는 기도의 모범적 사례와 현실성이 이 모든 종교개혁 교리문답서들의 본문에서 일치한다는 점을 지적하려고 합니다. 오늘날 독일에서 계속 진행되고 있는 루터주의자와 칼뱅주의자 사이의 토론에서도 이 점이 주목되어야 할 것입니다. 종교개혁자들은 기도에 관한 한 서로 의견이 일치했기에, 사태의 근거에 대해 한 목소리를 낼 수 있었습니다. 오늘날 우리도 함께 기도할 수 있다면, 또한 틀림없이 공동의 성찬으로 나아갈 수 있을 것입니다. 교리에 관한 의견 차이는 단지 이차적인 문제와 구분이기 때문입니다.

3. 종교개혁 교리문답서들의 본문에서 기도와 관련하여 언급되고 있지 않은 내용들도 있습니다.

본문들은 개인적 기도와 회중의 공동체적 기도가 구분되고 있지 않습니다. 이 점을 애써 강조하는 것은 충분히 가치가 있는 일입니다. 다양한 교리문답서들의 저자들에게 이 문제는 매우 단순했습니다. 저자들에게 교회 곧 "우리"는 하나의 전체를 이루는 공동체에 속한 지체들을 의미했습니다. 그러나 그들은 또한 전체를 구성하는 개인들도 구분합니다. 기도의 주체가 개별 그리스도인인지 아니면 교회인지를 묻는 질문은 성립되지 않았고, 이런 식의 양자택일은 없었습니다. 왜냐하면 그리스도인들이 곧 교회이고, 교회가 곧 그리스도인들이기 때문입니다. 따라서 양자 사이의 대립은 성립할 수 없습니다.

만약 이런 식의 질문들이 나타났다면, 그것은 아마도 교회가 병들어 있다는 징후일 것입니다. '골방에서 나는 나만의 영적 갈급함을 위해 어떻게 기도해야 합니까? 그리고 교회의 입장에서, 교회는 어떻게 기도해야 합니까?' 이때 사람들은 교회에서 드리는 기도나 예전禮典 문제에 특별한 관심을 품기 시작합니다! 이것이 바로 질병의 징후가 아니겠습니까?

종교개혁자들은 '예전 문제'를 특별히 다루지 않았습니다. 사람들은 교회에서 기도하고, 또한 집에서도 기도합니다. 사적인 기도와 공동체의 기도를 구별하는 것은 종교개혁자들의 주된 관심사에 속하지 않았습니다. 그들이 관심을 가졌던 것은 기도의 필수성, 나아가 올바른 기도의 필수성입니다. 그것은 아마도 기도할 때 신중해야 한다는 암시가 될 것입니다. 단지 이차적으로만 중요한 것을 지나치게 강조한다면, 그것은 일종의 영적 연약함을 표현하는 셈이 될 것입니다.

4. 종교개혁 교리문답서들의 본문에서 언급되고 있지 않는 다른 한 가지 문제는 "마음에서 저절로 우러나는" 기도를 해야 하는지, 아니면 전형적인 형식에 따라 기도해야 하는지의 문제입니다.

이 질문은 종교개혁 시대에 많은 사람을 아주 강하게 사로잡았지만, 루터나 칼뱅은 그것에 주의를 기울이지 않았습니다. 그 대신에 그들은 사람의 "마음"이 기도한다는 것, 그것은 당연히 그래야 하고 또한 그것은 선하고 필수적이라는 사실만을 강조했습니다. 그들은 기도가 입술에서 나오는 수다와는 달리 정직해야 한다고 끈기 있게 강조했습니다. 그들은 자유로운 기도가 어떤 것인지 알고 있었습니다. 그러나 참된 기도는 환상과 같은 것이어서는 안 되고, 기도에는 규율이 필요하다는 것도 알고 있었습니다.

예수 그리스도께서는 단지 우리가 기도해야 한다고만 말씀하지 않았습니다. 그분은 주기도를 통해 **"어떻게"** 기도해야 하는지 보여주셨습니다. 그 규정을 잘 따를 때 우리는 기도를 잘할 수 있게 될 것입니다. 이때 기도에는 열정이 담겨 있어야 합니다. 하지만 열정이 우리 마음대로 이리저리 떠돌아다닐 구실이 될 수는 없습니다. 칼뱅이 설교 끝에 드렸던 자유로운 기도들은 장엄한 단조로움으로 주목할 만합니다. 칼뱅은 무질서한 심정의 토로를 자신에게 허용하지 않았습니다. 칼뱅의 기도 안에는 항상 동일한 근본 사상이 있는데, 그것은 높으신 영광의 하나님, 그리고 성령에 대한 경배입니다. 그의 기도의 마지막은 언제나 그 사상으로 되돌아갑니다. 그렇다고 그것이 도장으로 찍어낸 것 같은 식상한 어투는 아니었습니다.

종교개혁자들은 기도를 가볍게 여기지 않았습니다. 그들이 기도의 은사에 대해서도 기꺼이 말했는지 나는 잘 모르겠습니다. 하지만 그들은 이렇게 말합니다. "기도하십시오. 그리고 기도를 잘하십시오! 그것은 정말로 가치 있는 것입니다. 주기도에서 기도의 모범을 얻는 것으로 만족하십시오. 기도가 마음의 자유로움 속에서 저절로 일어나도록 하십시오!"

5. 종교개혁자들은 명시적 기도와 암묵적 기도를 구별하지 않습니다. 명시적 기도란 밖을 향한 기도이며 특정 시간에 분명한 말로 표현하는 기도입니다. 이에 비해 암묵적 기도는 말이 아닌 감정으로 표현되거나, 마음·양심·생각의 지속적 태도로 표현되는 기도를 말합니다.

데살로니가전서 5:17의 "쉬지 말고 기도하라"는 말씀은 당시의 교리문답서들 안에서 한 번도 인용되지 않습니다. 교리문답서 저자들의 일차적 관심사는 아마도 명시적 기도(분명한 단어들로 말해지는 기도)였던 것으로 보입니다. 하지만 칼뱅은 언어가 기도에서 항상 필수적인 것은 아니라고 말합니다. 아주 일반적인 관점에서 우리는 다음과 같이 말할 수 있을 것입니다. 종교개혁자들이 제시한 설명들과 그들의 저작과 설교와 행위들에서 드러나는 표현들을 살펴볼 때, 그들에게 기도는 말과 생각이자 동시에 삶이었습니다.

I

기도

01

기도의 문제

우리는 '기도'라는 주제를 '기도의 문제', '하나님의 선물로서의 기도', '인간의 행위로서의 기도'라는 세 관점에서 생각해 보려고 합니다.

—

종교개혁자들의 교리문답 안에서 기도는 어떤 위치를 차지하고 있습니까? 교리문답서들을 훑어보다 보면 우리는 다음과 같은 사실을 깨닫게 됩니다. 루터는 먼저 기도를 다루고, 그다음에 신조 곧 신앙 해설을 다루었습니다. 이와 대조적으로 칼뱅은 신조 곧 신앙고백으로 먼저 시작한 후에 기도하라는 계명을 다룹니다. 칼뱅은 믿음에 대해 먼저 말하고, 그다음에 순종에 대해 말하는 것입니다.

여기서 우리 그리스도인들은 믿는 자들, 그리고 순종하는 자들로 간주됩니다. 바로 그런 존재로서 우리는 기도라는 새로운 문제와 마주 서게 됩니다. 그런데 기도는 정말로 "새로운" 문제입니까? 정말로 기도는 믿음과 순종 너머의 어떤 영역에 있습니까? 충분히 그렇게 보입니다. 칼뱅은 기도에서 우리 삶의 문제가 다루어지며, 이 세상의 요구사항들에 대한 우리의 관계가 다루어진다고 말합니다. 그렇다면 다음과 같은 물음이 따라옵니다. 나는 한 사람의 그리스도인으로서 참으로 복음과 율법의 말씀에 따라 살아갈 수 있을까요? 참으로 나는 나의 믿음에 따라 순종하는 삶을 살 수 있을까요? 나의 궁핍한 실존의 한가운데서도 그렇게 살아갈 수 있을까요? 그렇습니다. 순종의 성결 속에서 살아가는 것은 가능하고, 생명을 위해 우리에게 주어진 복음 곧 마땅히 우리 삶의 중심이 되어야 할 그 복음에 따라 살아가는 것은 가능합니다. 그런 삶을 살기 위해 우리는 기도에 대해 우리에게 말해진 것을 잘 경청해야 하고 하나님께 간구해야 합니다. 하나님이 직접 오셔서 우리를 도와주시고 인도하시기를, 그리고 그 길을 걸어갈 수 있는 가능성을 우리에게 주시기를 간구해야 합니다. 이와 같은 내용의 연구 작업 곧 기도가 일어나야 우리가 살아갈 수 있습니다.

루터의 교리문답은 믿음과 순종이 대비되는 이런 인간적 정황을 더욱 상세하게 검토합니다. 어느 누구도 율법에 완전하게 순종하지 못한다는 사실과 직면할 때, 우리는 무엇이라 말하고 어떻게 행동해야 합니까? 하지만 율법은 완전한 순종을 요구하며, 만일 율법이 완전하게 성취되지 않았다면 그것은 도무지 성취되지 않은 것이라고 말합니다. 어떻든 우리는 믿는 자들, 다시 말해 믿음의 시작을 지닌 사람들입니다. 믿음은 가방 속에 넣고 다니거나 소유물처럼 획득할 수 있는 것이 아닙니다. 하나님은 내게 "너의 신뢰를 내게 두어라, 나를 믿으라!"고 말씀하십니다. 그러면 나는 앞으로 나아가며 "나는 믿습니다"라고 말하며, 더 많이 앞을 향해 나아갈수록 "나의 믿음 없음을 도우소서!"라고 외치게 됩니다. 우리 앞에 놓인 삶에는 많은 어려움과 요구사항들이 있습니다. 그러나 율법은 우리 앞에 수북하게 쌓인 장애물과 우리의 연약함에도 불구하고 우리에게 순종을 요구합니다. 이런 상황에서 나는 믿음을 가지고 앞으로 나아갑니다. 비록 그 믿음이 초라한 시작에 불과하다고 해도 말입니다. 나는 이미 내딛은 이 첫걸음에 이어 믿음의 길을 계속 나아가라는 요구, 곧 앞을 향해 나아가며 완전한 순종에 이르라는 요구를 받고 있습니다.

한편에는 우리의 내면적 삶이 있고 약하고 악한 인간이 놓여 있습니다. 다른 한편에는 이해되지 않는 일과 어려움으로 가득한 이 세상을 살아가는 우리의 외적 삶이 있습니다. 또한 우리가 늘 마주치는 하나님의 심판의 말씀이 존재합니다. 그 말씀은 매 순간 우리에게 이렇게 말합니다. "이것으로 충분하지 않다." 그러면 아마도 나는 스스로 이렇게 물을 것입니다. '너는 정말로 근본으로부터 그리스도인인가? "나는 믿습니다, 나는 순종합니다"라는 말이 너의 작은 믿음과 작은 순종 앞에서 네게 의미하는 것이 도대체 무엇인가?' 이와 같이 우리 앞에 놓인 낭떠러지는 엄청납니다. 우리가 할 수 있는 한 아주 잘 믿고 순종한다고 하더라도, 모든 것은 우리를 의문 속으로 몰아넣습니다. 바로 이런 상황에서—이것은 모든 그리스도인이 처한 상황입니다—기도한다는 것은 우리가 하나님께 나아가서 우리에게 부족한 것을 우리에게 주시기를, 가능성과 힘과 용기와 기쁨과 총명함을 주시기를 하나님께 부탁하는 것입니다. 우리가 율법에 순종하고 계명을 성취할 수 있게 해달라고 하나님께 간구하는 것입니다. 또한 우리가 믿음 안에서 전진할 수 있게 해달라고, 다시 한 번 우리가 믿을 수 있게 해달라고, 우리의 믿음을 새롭게 해달라고 하나님께 매달리는 것입니다.

이런 간구는 오로지 하나님께만 할 수 있습니다. 칼뱅은 이렇게 말합니다. "여기서 관건은 우리가 신성에 마땅히 돌려 드려야 하는 하나님의 영예입니다. 우리가 마땅히 돌려 드려야 하는 그 영예는 자신의 말씀을 통해 그분 자신을 우리에게 계시하셨던 바로 그 하나님의 것입니다"(『하이델베르크 교리문답』). 기도가 필수적인 이런 상황에서 우리를 확고히 붙들어 주는 것은 바로 그 하나님의 말씀입니다.

—

기도한다는 것은 복음과 율법으로 이미 우리에게 말씀하셨던 그분에게로 향하는 것입니다. 그분을 마주 대하며 우리는 우리의 순종이 불완전하고 우리의 믿음이 변덕스러운 탓에 괴로워하게 되는 상황에 처합니다. 그분으로 인하여 우리는 곤경에 빠집니다. 여기서 오로지 하나님만이 홀로 우리를 도와 건져내실 수 있습니다. 제발 하나님께서 우리를 그렇게 건져내시라고 간청하기 위해 우리는 기도합니다.

칼뱅은 이런 어려운 상황에서 우리가 홀로 있지 않다는 점을 강조합니다. 우리 곁에는 그리스도인인 형제와 자매들이 많이 있습니다. 우리는 그들의 충고와 격려를 받을 수도 있습니다. 하지만 우리의 곤란한 상황에서 인간들이 기여할 수 있는 것은 단지 섬김뿐이며, 하나님의 선하심을 전달해 주는 것뿐입니다. 하나님께서 친히 그들에게 그분 자신의 영예를 입증하십니다. 하나님이 그들을 사용하셔서 하나님의 선하심을 우리에게 나누어 주도록 하시고, 이를 통해 우리를 그들에게 빚진 자로 만드십니다. 따라서 기도는 어떤 경우에도 우리를 다른 사람들로부터 멀어지게 할 수 없습니다. 아니, 기도는 우리와 그들을 하나로 만듭니다. 왜냐하면 기도에서 중요한 것은 우리 모두에게 해당하는 질문이기 때문입니다.

그래서 나는 기도하기 전에 먼저 다른 사람들과 공동체적 연대를 추구합니다. 나는 그들 모두가 내가 겪는 것과 같은 어려움들을 경험했거나 경험하고 있다는 것을 알고 있습니다. 그래서 우리는 서로 조언을 해주며, 줄 수 있는 것을 서로 제공합니다! 그럼에도 불구하고 우리는 피조물을 신뢰하여 우리 자신을 맡길 수는 없습니다. 우리에게 주어져 있는 것은 단지 우리에게 어떤 말을 해줄 수 있고 어떤 지시를 해줄 수 있는 사람들이 있다는 사실뿐입니다. 선물 그 자체는 오로지 하나님으로부터만 올 수 있습니다. 우리는 사람에게 기도할 수 없습니다. 성인들이나 다른 어떤 사람들에게도 기도할 수 없습니다.

16세기에는 교회의 성인들이나 먼저 세상을 떠난 자들이 우리를 도울 수 있는 가능성이 없다고 말해 주는 것이 대단히 중요했습니다. 오늘날 우리는 아마도 그런 식의 엄격한 주장에 의문을 제기할 수도 있을 것입니다. 교회의 성인들, 또는 예를 들어 종교개혁자들이나 현재 지구상에 존재하는 성인들이 과연 우리를 도울 수 없을 것인지에 대해 나는 확신이 서지 않습니다. 물론 우리는 과거의 교회와 나누는 교제 속에서 살아가며, 이를 통해 도움을 받고 있습니다. 그러나 다음과 같은 사실은 확실합니다. 지금 살아 있는 사람들도, 이미 죽은 사람들도, 우리를 위하시는 하나님만이 우리에게 되어 주실 수 있는 위치에 서서 우리를 도울 수는 없습니다. 그들은 복음과 율법 앞에 직면하여 우리가 빠져드는 엄청난 곤경으로부터 벗어나게 하는 도움을 줄 수는 없습니다. 우리를 도울 수는 있지만 기도의 대상이 될 수는 없는 천사들에 대해서도 동일하게 말해질 수 있습니다.

따라서 종교개혁자들에게서 모든 것은 이런 질문으로 모아집니다. '나는 어떻게 하나님을 만날 수 있을까요? 나는 그분의 말씀을 들었습니다. 나는 그 말씀을 올바르게 마음에 새기려고 합니다. 하지만 나는 거기에 도달할 수 없습니다.' 또한 종교개혁자들은 이 한 가지 문제 외에 다른 어려움들이 있다는 것도 간과하지 않았습니다. 그들 모두는 우리가 다음과 같은 현실 속에 얽혀 있다는 것도 알고 있었습니다. "나는 나의 소원, 생각, 곤궁함을 지닌 채로 하나님 앞에 서 있습니다. 그리고 나는 하나님과 함께 살아가야 합니다. 왜냐하면 산다는 것은 하나님과 함께 사는 것이라고밖에 달리 말할 수 없기 때문입니다. 그래서 나는 한편으로는 삶이 요구하는 크고 작은 일들, 다른 한편으로는 기도해야 한다는 필연성 사이에 끼어 있습니다." 여기서 종교개혁자들은 우리에게 이렇게 말합니다. "기도하는 것이 먼저입니다."

02

하나님의 선물로서의 기도

기도는 하나님의 은혜이며 하나님이 우리에게 특별히 제공해 주시는 기회입니다.

우리는 종교개혁자들도 그렇게 하지 않았던 것처럼, 기도할 때에 "사람이 행하는 것은 무엇일까?"에 대한 서술로서 시작하지 않으려고 합니다. 당연히 사람은 기도에서 무언가를 행하고 행동합니다. 그러나 사람의 그런 행동을 제대로 이해하려면, 우리는 기도의 끝에서 시작해야 합니다. 그 끝은 바로 하나님이 기도를 들어주신다는 사실입니다. 우리는 이 사실을 먼저 말해야 합니다. 이렇게 말하면 사람들은 놀랄지도 모릅니다. 왜냐하면 논리적으로 생각하면, 먼저 "기도한다는 것은 무엇을 말합니까?"를 묻고 그다음에 "기도하면 하나님이 과연 우리 기도를 들으실까요?"라고 물어야 할 것이기 때문입니다. 하지만 종교개혁자들에게 도약하는 발판이자 가장 중요한 토대는 "하나님께서 기도를 들으신다"라는 확신이었습니다. 이것이 우리가 가장 먼저 알아야 하는 것입니다. 칼뱅은 이렇게 분명히 말합니다. "우리는 우리가 구하는 것을 얻습니다. 우리의 기도는 이런 확신 위에 서 있습니다."

—

하나님께서 들어주신다는 사실로부터 출발할 때, 우리는 우리의 주제에 한 걸음 더 가까이 다가가게 됩니다. 하나님은 외면하거나 침묵하지 않고 들으십니다. 아니, 이를 넘어서서 하나님은 행동하십니다. 하나님은 우리가 기도할 때와 하지 않을 때 동일한 방식으로 행동하지 않으십니다. 오히려 기도는 하나님의 행동에, 나아가 하나님의 존재에 영향을 미칩니다. 이것이 바로 "들으신다"는 단어가 의미하는 것입니다.

『하이델베르크 교리문답』 129번 질문은 이렇게 말합니다. "우리의 기도를 들으신다는 것은 우리가 간구하는 어떤 일들에 대한 우리의 그 어떤 느낌보다도 훨씬 더 확실합니다." 언뜻 생각하기에 우리가 간구하는 것에 대한 우리의 느낌보다 더 확실한 것은 없을 것 같아 보입니다. 그러나 교리문답은 하나님 편에서 들으신다는 것이 훨씬 더 확실하다고 말합니다. 우리도 이런 내적 확신을 가지는 것이 필요합니다. 아마도 우리는 우리의 기도가 정직한지, 우리가 요청하는 것이 가치 있는 것인지에 대해 의심할 수도 있을 것입니다. 그러나 한 가지만큼은 의심할 수 없습니다. 그것은 하나님이 들으신다는 것입니다. 우리의 기도들은 약하고 보잘것없습니다. 하지만 무엇보다 중요한 것은 우리의 기도가 강한지 그렇지 않은지가 아니라, 하나님이 우리의 기도를 이해하신다는 것입니다. 그래서 우리는 기도합니다.

하나님이 우리의 기도를 어떻게 들으십니까? 우리는 여기서 칼뱅의 교리문답 중에서 예수 그리스도에 대한 항목을 기억해야 합니다. 하나님의 들으심에 대해 가장 잘 이해하는 길은 그 항목에 나타난 생각을 따르는 것입니다. "예수 그리스도는 우리의 형제입니다. 우리는 그분에게 속합니다. 그분은 우리가 지체를 이루는 몸의 머리이십니다. 동시에 그분은 하나님의 아들이시며, 하나님 자신이십니다. 그분은 중보자로서, 하나님 앞에서 우리를 변호하는 분으로서 우리에게 주어진 분입니다. 우리는 하나님으로부터 분리되어 멀리 떨어져 있지 않습니다. 더욱 중요한 것은 하나님이 우리로부터 분리되어 멀리 계시지 않습니다. 우리는 하나님 없이 (불경하게) 있을 수 있지만, 하나님은 인간 없이 계시지 않습니다." 우리는 이 사실을 알아야 합니다. 이것이 중요합니다. 하나님 없이 살아가는 불경한 자들의 눈앞에서 하나님은 존재하십니다. 하나님은 결코 인간 없이 계시지 않습니다. 인간과 인류, 우리 모두가 하나님 안에 현존하기 때문입니다. 하나님이 인간을 아신다면, 그리고 하나님이 인간을 보고 고치신다면, 그 일은 항상 예수 그리스도의 인격 안에서 일어납니다. 그분은 하나님의 독생자이시고, 순종하셨으며, 하나님의 기쁨의 대상이십니다. 그분을 통해 인류는 하나님 안에 현존합니다. 하나님은 그리스도를 지켜보시며, 그리스도 안에서 우리를 지켜보십니다. 이렇게 우리에게는 하나님 앞에서 우리의 대리자가 있습니다.

칼뱅은 더구나 우리가 그리스도의 입을 통하여 기도한다고 말합니다. 예수 그리스도는 그분의 과거 존재를 통해 말씀하십니다. 그분이 아버지께 대한 순종과 신실함 속에서 고난을 겪으셨던 바로 그 존재 말입니다. 그분이 우리를 하나님이 계신 곳에 출입하도록 허락하시고 하나님의 들으심을 보증해 주시며 우리를 위해 변호해 주신다는 점에서, 우리는 말하자면 그분의 입을 통해 간구한다고 말할 수 있습니다. 그렇기에 우리의 기도는 우리가 기도의 형태를 구현하기도 전에 근저에서 이미 실행되고 있는 것입니다. 그러므로 우리가 기도할 때, 우리는 이미 그렇게 실행된 기도 곧 예수 그리스도의 인격 안에서 이미 말해졌고 항상 반복되고 있는 기도를 단지 다시 받아들이는 것뿐입니다. 하나님은 결코 인간 없이 계시지 않기 때문입니다.

하나님은 예수 그리스도의 아버지이시며, 인간 예수 그리스도는 아버지께 기도했고 지금도 기도하고 계십니다. 바로 이것이 우리의 기도가 예수 그리스도 안에 기초를 두고 있다는 의미입니다. 하나님께서 직접 우리의 간구에 대한 보증인이 되셨으며, 하나님 자신이 스스로 우리의 기도를 들으시는 분이 되기를 원하셨습니다. 이렇게 말할 수 있는 것은 우리의 모든 기도가 예수 그리스도 안에 요약되어 있기 때문입니다. 이제 하나님은 우리가 기도하는 것을 듣지 **않으실 수 없습니다**. 왜냐하면 그때 기도하는 이가 바로 **예수 그리스도**이시기 때문입니다.

하나님이 인간의 간청에 굴복하고, 그 결과 하나님 자신의 본래 의도를 변경해서 인간의 기도를 따른다는 것은 하나님의 약함을 의미하지 않습니다. 하나님은 그분 자신의 존엄 속에 계시고 권능의 광채 속에 계시면서 인간의 기도를 그렇게 들어주려고 하시며, 지금도 계속해서 들어주기를 원하십니다. 그분은 예수 그리스도 안에서 인간이 되셨던 바로 그 하나님이 되기를 원하십니다. 이것이 그분의 영예이며 그분의 전능입니다. 그러므로 그분이 우리의 기도에 굴복하신다고 해서 그분 자신의 존재를 축소시키는 것은 아닙니다. 오히려 정반대입니다. 바로 그런 방식으로 하나님께서는 자신의 광대하심을 나타내 보이고 계십니다.

마치 아버지가 자녀에게 그렇게 하는 것처럼 하나님께서 스스로 인간과 연결되기를 원하고 인간 가까이 머물기를 원하실 때, 그분의 권능이 약화되는 것이 아닙니다. 하나님은 예수 그리스도 안에서 계시는 그분 자신의 존재보다 더 크지 않으십니다. 하나님이 우리의 기도를 들으신다면, 그것은 단지—사람들이 종종 그런 방식으로 기도의 효력을 설명하는 것처럼—그분이 우리의 기도를 들으시고 우리 믿음을 더욱 크게 만드시려는 이유 때문만은 아닙니다. 오히려 하나님이 우리 기도를 들으시는 것은 우선 그분이 아버지와 아들과 성령이신 하나님이시기 때문이며, 말씀이 육신이 되셨던 바로 그 하나님이시기 때문입니다.

이제 우리는 루터에게로 다시 돌아갑니다. 루터는 우리를 기도로 초대합니다. 아니, 우리에게 기도하라고 명령합니다. 기도하지 않는 것은 우리가 하나님 앞에 서 있다는 사실을 무시하는 것입니다. 그것은 하나님이 어떤 존재이신지를 오인하는 것이기도 합니다. 루터는 이렇게 말합니다. 그런 태도를 취한다면, 우리는 하나님이 예수 그리스도 안에서 우리를 만나신다는 사실을 이해할 수 없게 될 것입니다. 하지만 우리가 그 만남의 비밀을 실현하려고 한다면, 우리는 기도해야 합니다. 하나님의 아들이신 예수 그리스도는 현존하십니다. 우리는 그분에게 속한 자들이며, 그분을 따르고 그분의 입을 통해 말하는 것 외에 다른 가능성을 가지고 있지 않습니다. 그런 우리가 그분과 함께 있습니다. 이제 좋은 길이 발견되었습니다. 중요한 것은 그 길을 가는 것입니다. 그 길 위에서는 복음과 율법, 곧 하나님의 약속과 계명이 동일합니다. 하나님은 우리에게 그 길을 열어 주시고, 우리에게 기도하라고 명하십니다. 따라서 마치 내 취향에 따라 어떤 행동을 선택하는 것인 양, 나는 기도를 할 것이라거나 혹은 하지 않을 것이라고 말하는 것은 불가능합니다. 그리스도인이라는 것과 기도한다는 것은 같은 것입니다. 그것은 우리의 기분에 내맡겨질 수 있는 일이 아닙니다. 그것은 삶을 위한 필수사항이며, 살기 위해 호흡해야 하는 것과 같은 종류의 필연적인 일입니다.

『하이델베르크 교리문답』은 더 자세히 규정합니다. 기도는 단순하게 말해서—하지만 『하이델베르크 교리문답』은 아주 확실하게 주장합니다—하나님을 바라볼 때 발생하는 첫 번째 행위, 곧 하나님을 인정하는 첫 번째 행위입니다. "인정"Anerkennen이라는 단어는 "감사"라는 단어보다 의미가 더욱 명확합니다. "인정"이라는 단어는 우리가 알고 있는 것에 따라 행동하는 것"다시 인식하는 것", wieder-er-kennen을 의미하기 때문입니다. 하나님을 아는 사람은 하나님을 반드시 "다시 인식"할 수 있어야 합니다. 그 사람은 하나님이 어떤 존재인지, 그리고 하나님이 그를 위해 예수 그리스도 안에서 무엇을 행하셨는지를 다시 인식하고 인정해야 하는 것입니다. 그래서 그 사람은 예수 그리스도 안에서 우리에게 마련된 자리로 들어갑니다. 그 자리에서 우리는 기도합니다.

루터는 이렇게까지 부언합니다. 우리가 기도하지 않으면 하나님은 분노하십니다. 왜냐하면 기도하지 않는 것은 하나님이 우리에게 선사하신 선물을 무시하는 것이기 때문입니다. 하나님께서 우리에게 기도하라고 명하셨는데, 어떻게 우리가 기도하기를 소홀히 할 수 있겠습니까? 종교개혁자들은 상황이 좋을 때는 사람들이 기도하지 않는다는 사실을 우리에게 상기시킵니다. 하지만 기도는 그리스도인의 삶에서 본질적이고 필수적이며 자명한 행동입니다.

하나님은 우리의 하나님이시기에, 우리의 기도가 그분의 은혜로부터 생겨나게 하십니다. 하나님의 은혜가 있는 곳에서 인간은 기도합니다. 하나님은 우리를 돌보아 주십니다. 왜냐하면 우리는 마땅히 기도해야 할 바에 따라 기도할 줄을 모르기 때문입니다. 마땅히 기도할 바에 따라 기도할 수 있도록 우리를 이끄시는 분은 바로 하나님의 영이십니다. 우리는 우리가 기도할 자격과 능력이 있는지, 혹은 기도할 열정을 충분히 갖고 있는지를 판단하는 일에 너무 부족합니다. 이 문제에 대한 대답은 은혜 그 자체 안에 있습니다. 하나님의 은혜를 통해 위로를 받게 되면, 우리는 말로 하는 기도든 말없이 하는 기도든 기도하기를 시작하게 됩니다.

하나님은 우리에게 하나의 길을 제시하시고, 기도의 의무를 지우십니다. 기도는 자의적인 행동이 아니며, 어둠 속으로 맹목적인 발걸음을 내딛는 것도 아닙니다. 기도할 때, 우리는 우리 자신의 상상에 따라 이런저런 잘못된 길로 벗어나지 않을 수 있으며, 부당하게 자기 판단을 따르며 자기에게 최고로 보이는 방향으로 나아갈 수 없습니다. 왜냐하면 하나님께서 인간에게 하나님 자신의 뒤를 따르며 주어진 자리를 수용할 것을 명하시기 때문입니다. 이것은 하나님이 정하시는 일이지, 우리가 주도해서 일어나는 일이 아닙니다.

우리는 어떻게 기도해야 할까요? 예수께서 주기도를 통해 모범적인 선례를 보여주신 것은 우연한 일이 아닙니다. 그것은 바르게 기도하는 법을 우리에게 가르치기 위함이었습니다. 하나님께서 친히 우리에게 어떻게 기도해야 하는지 가르쳐 주십니다. 우리는 간구해야 할 것을 너무 많이 쌓아 놓고 있기 때문입니다! 우리는 언제나 우리 자신이 원하는 것들이 매우 중요하다고 생각합니다!(어떻든 그렇게 생각하는 것이 필요하기는 합니다.) 하지만 우리가 행하는 기도가 참된 기도가 되려면, 우리는 하나님께서 우리에게 주시는 제안을 받아들여야 합니다. 우리는 우리 자신으로부터 기도할 수 없습니다. 설령 우리가 기도했지만 실망하게 되는 일을 경험한다고 해도, 우리는 하나님께서 우리에게 참된 기도의 길을 보이신다는 것을 받아들여야 합니다. 하나님은 우리 자신의 관심사와 문제를 가득 지고 있는 우리를 특정한 길 위에 세우십니다. 그 길 위에서 우리는 모든 것을 하나님께로 가지고 갈 수 있습니다. 물론 우리는 그 길로 스스로 들어서야 합니다. 이 훈련은 우리에게 필수적입니다. 만약 그런 훈련을 하지 않는다면, 우리는 허공을 향해 소리를 지르고 있는 우리 자신을 발견한 뒤 놀라게 될 것입니다. 그런 훈련을 하지 않은 사람은 우리가 이미 하나님이 들으신 기도 안에 있다는 사실을 깨닫지 못합니다.

종교개혁자들은 우리가 주기도라는 모범적인 선례를 가지고 있는 것에 충분히 만족해야 한다고 말합니다. 우리가 이 본보기에 따라 기도함으로써 참된 기도를 위한 학습 기간을 끝낼 수 있기 때문입니다. 칼뱅은 다음과 같이 올바르게 설명합니다. "우리는 기도에서도 이방인들처럼 행동할 수는 없습니다. 우리는 하나님의 도성의 시민으로서 그 도성의 헌법, 질서, 규칙들을 수용해야 할 의무를 지닙니다. 오로지 이런 조건 아래서 우리 삶의 문제들에 대한 하나님의 들으심과 응답이 존재합니다."

하나님은 예수 그리스도 안에서 우리의 하나님이시기 때문에, 우리로 하여금 그분 앞에서 얼핏 보면 대담하고 무모해 보이는 태도를 취하도록 몰아 붙이십니다. 하나님께서 우리를 강제하여 담대한 마음으로 하나님을 만나도록 하십니다. "당신이 우리에게 약속하셨습니다. 우리에게 기도하라고 명령하셨습니다. 그래서 제가 여기 있습니다. 제가 여기 온 것은 나 자신의 경건한 생각에서도 아니고, 내가 기도하기를 기뻐해서도 아닙니다(아마도 저는 즐거이 기도하는 편이 아닐 것입니다). 저는 지금 당신이 말하라고 명하신 것을 말하려고 합니다. '내 인생의 어려움들에 처해 있는 나를 도우소서! 당신이 도와주셔야 합니다. 제가 여기 있습니다.'" 루터가 다음과 같이 말한 것은 옳은 일입니다. 기도하는 사람의 자세는 가장 겸손하면서도 동시에 대담하고 용감해야 합니다. 선한 겸손이 있습니다. 그것은 우리가 예수 안에서 하나님을 향해 가지는 자리를 우리의 자유로운 선택으로 받아들이는 것입니다. 우리가 우리의 일들에 대해 확신할 수 있다면, 그리고 우리가 우리 자신의 의도에 따라 하나님께 나아온 것이 아니라면, 그 자유는 저절로 이루어진 것입니다.

이와 같이 우리의 유익을 위한 하나님의 의지, 곧 예수 그리스도 안에 있는 하나님의 긍휼하심이 우리가 지금 묻는 문제에서 결정적인 요소입니다. 『하이델베르크 교리문답』은 117번 질문에서 다음과 같이 확신시켜 줍니다. "비록 우리는 우리의 기도에 합당한 자격을 갖추고 있지 못하지만, 하나님께서는 우리 주님 예수 그리스도 때문에 우리의 기도를 틀림없이 들으시려 하실 것입니다. 우리는 이런 확고한 근거를 가지고 있습니다."

03

인간의 행위로서의 기도

앞에서 서술한 것에 따르면, 기도는 하나님이 선사하신 제안을 우리가 받아들이고 사용하는 매우 단순한 행위입니다. 기도는 위엄 있는 은혜, 하나님의 뜻에 일치하는 그 은혜의 명령에 우리가 순종하는 행위입니다. 여기서 은혜에 순종한다는 것, 은혜에 감사한다는 것은 분명히 기도가 또한 인간의 행위라는 것을 의미합니다. 물론 인간은 스스로를 죄인으로 인식하며, 그런 점에서 하나님의 은혜를 간청해야 하는 처지에 있습니다. 인간은 복음과 율법, 그리고 자신의 연약한 믿음과 마주 대하고 있습니다. 물론 그는 그것을 의식하지 못하고 있을 수도 있습니다. 우리는 모종의 슬픔과 모종의 기쁨을 동시에 느낍니다. 그러나 우리는 우리가 죄인이라는 것, 그리고 우리가 완전한 순종을 실현하지 못한다는 사실을 아직 이해하지 못합니다. 우리 자신이 아직 베일로 덮여진 상태[고전 13:12]에 있다는 것을 아직 모르고 있습니다. 우리는 그 베일을 벗겨야 합니다. 우리가 기도한다면, 우리의 인간적 성향들은 베일을 벗게 되며, 우리가 이런 곤궁과 또한 이런 희망 속에 있음을 알게 됩니다. 우리를 이와 같은 상황으로 인도하신 분은 하나님이십니다. 그러나 동시에 하나님은 우리를 도우러 오십니다. 인간이 자신의 곤궁함을 이해하고 또한 자신에게 도움이 주어진다는 것을 이해한다면, 그때 기도는 인간의 대답입니다.

기도에서 우리는 인간이 행하는 선한 사역 혹은 선하고 경건하고 우아하고 아름다운 어떤 것을 찾으려고 해서는 안 됩니다. 기도는 우리에게 어떤 것을 만들어 주기 위한 도구가 될 수 없으며, 하나님과 우리 자신에게 선물을 선사하기 위한 수단이 될 수 없습니다. 우리는 오로지 수용할 수만 있을 뿐이며, 지금 하나님께 말해야만 하는 인간의 처지에 놓여 있습니다. 루터는 이렇게 말했습니다. "우리는 전적으로 가난한 처지에 있음에 틀림없습니다. 우리는 거대한 공허 앞에 서 있고 모든 것을 오로지 하나님으로부터 받고 배워야 하기 때문입니다."

기도가 인간의 행위임은 분명하지만, 그것은 수다가 될 수 없으며 일련의 상투어나 중얼거리는 말이 될 수도 없습니다. 종교개혁자들도 이 점을 중요시했습니다. 그들은 로마 가톨릭교회에서 그런 식으로 행하여지는 기도의 사례들을 많이 보았으며, 그것에 반대하여 투쟁했습니다. 그것은 로마 가톨릭교인이 아닌 우리에게도 단순하면서도 중요한 문제입니다. 기도는 일종의 애정이 담긴 행위여야 합니다. 기도는 단지 입술로만 되는 일이 아닙니다. 하나님은 우리의 사모하는 마음을 요구하시기 때문입니다. 기도에 마음이 함께 있지 않다면, 기도가 단지 다소간에 정확하게 성취되어야 하는 형식적 일거리라고 한다면, 그런 기도는 도대체 무엇이겠습니까? 그런 것은 아무것도 아닙니다! 오로지 입술로만 하는 기도는 전부 불필요할 뿐만 아니라 하나님이 기뻐하시지 않습니다. 그런 기도는 무용지물일 뿐만 아니라 하나님을 모욕하는 것입니다. 이 주제와 관련된 칼뱅의 주장에 따라 다음과 같은 사실에 주목하는 것도 중요합니다. 사람이 이해할 수 없는 언어 혹은 기도하는 회중이 이해할 수 없는 언어로 하는 기도는 하나님을 조롱하는 것이며, 변질된 형태의 위선입니다. 그런 기도에는 마음이 함께하지 않기 때문입니다. 기도에서 우리는 이해할 수 있는 언어로, 우리에게 의미를 지닌 언어로 생각하고 말해야 합니다.

기도는 우리의 입맛에 따라 해서는 안 됩니다. 그렇게 된다면 기도는 우리 편에서 나오는 무질서한 희망사항만을 늘어놓고 말 것이기 때문입니다. 우리에게 있어야 할 것을 우리 자신보다 더 잘 아시는 분이 정하신 규정에 따라 우리의 기도는 행하여져야 합니다. 그분이 우리에게 제일 먼저 주신 규정은, 먼저 우리 자신을 그분께 굴복시키고 그다음에 우리의 부탁들을 그분 앞에 내어놓는 것입니다. 이 규정을 따르기 위해 우리는 기도에서 "하나님이 정말로 우리의 기도를 들으실까?"라는 식의 물음을 말끔히 배제해야 합니다. 칼뱅은 이 점에 대해 아주 단호합니다. "그런 기도는 기도가 아닙니다." 의심하는 것은 허락되지 않습니다. 하나님께서 우리 기도를 들으신다는 것은 자명하기 때문입니다. 기도하기도 전에 우리는 단호한 입장, 즉 하나님께서 우리의 기도를 반드시 들으신다는 것을 믿는 입장을 취해야 합니다.

우리는 기도를 해도 좋고 안 해도 좋은 자유를 갖고 있지 않습니다. 우리가 기도를 하고 싶을 때만 기도해도 되는 자유란 없습니다. 기도는 우리에게 자연스런 행동이 아니기 때문입니다. 기도는 은혜이고, 우리는 그 은혜를 오로지 성령으로부터만 기대할 수 있습니다. 이 은혜는 하나님 및 그분의 말씀과 함께 예수 그리스도 안에 현존합니다. 우리가 이 모든 것을 긍정한다면, 그래서 하나님이 주시는 것을 수용한다면, 모든 것이 행하여진 셈이며 모든 것이 규정에 따라 일어난 것입니다. 물론 그것은 우리 자신의 선한 의지의 결과가 아니라, 우리의 자유 곧 그분께 순종할 수 있는 자유 안에서 일어난 것입니다.

무엇보다도 우리는 기도에서 인간은 수동적이라고, 그래서 편안한 소파에 앉아서 "성령이 나를 위해 기도해 주실 것이다"라고 말할 수 있다고 상상해서는 안 됩니다. 그렇지 않습니다! 인간은 기도하게끔 내몰립니다. 인간은 기도해야만 합니다. 기도, 그것은 행동이며 동시에 주님께 겸손히 간청하는 것입니다. 그때 주님은 우리를 그분 자신께 적합한 상태로 이끌어 가기를 원하십니다. 이것은 은혜와 자유 사이의 문제가 갖는 한 가지 측면입니다. 인간은 활동합니다. 그러나 우리는 바로 그 순간에 우리의 활동을 실현시키시는 이가 바로 하나님이시라는 것을 매우 잘 압니다. 우리는 이와 같은 인간적 자유 안에 있습니다. 우리의 자유는 하나님의 자유에 의해 침해당하지 않습니다. 인간은 성령께서 처분하시도록 자신을 맡깁니다. 하지만 바로 그 시간 동안에 우리의 영과 마음이 잠들어 있는 것은 아닙니다. 인간이 행동한다는 측면에서 관찰할 때, 기도는 그와 같다고 말할 수 있습니다.

—

우리가 하나님의 사역에 참여한다는 것은 그 사역에 우리가 동의하는 행위를 뜻합니다. 우리가 설교하는 것, 믿는 것, 하나님의 계명에 대해 작은 순종이라도 실현하는 것은 물론 대단한 일입니다. 그러나 이런 모든 형태의 순종과 믿음 가운데서도 우리를 하나님과 연결시키고, 우리로 하여금 하나님과 협력하여 일할 수 있도록 해주는 것은 기도입니다. 하나님은 우리가 그분과 함께 살 수 있도록 초대하십니다. 우리는 이렇게 대답합니다. "예, 아버지! 나는 당신과 함께 살겠습니다." 그러면 하나님은 우리에게 이렇게 말씀하십니다. "기도하라! 내게 간청하라! 내가 너의 소리를 들을 것이며, 내가 너와 함께 살며 다스릴 것이다."

칼뱅과 루터 그리고 또 다른 그런 사람들이 없었다면, 종교개혁은 일어날 수 없었을 것입니다. 하나님은 이 사람들을 하나님 자신의 사역에 참여시키는 방식으로 일하셨습니다. 하지만 그들의 미덕, 지혜, 경건 등의 탁월한 광채를 통해 하나님이 자신의 활동을 그들과 함께 완성하셨던 것이 아닙니다. 오히려 한결같이 겸손하고도 대범했던 그들의 기도를 통해 하나님은 그렇게 행하셨습니다. 우리는 하나님과의 직접적인 만남 속에서, 그리고 서로 간의 공동체적 교제 안에서 종교개혁자들의 그런 기도에 참여하도록 초청받았습니다. 그런 기도는 겸손의 행동이자 동시에 승리의 행위입니다. 바로 이 행위가 우리에게 명령되었습니다. 이때 그 행위를 실행할 수 있는 자유가 우리에게 동시에 주어져 있습니다.

II

종교개혁자들에 따른 주기도 해설

01

하나님의 이름을 부르는 것

우리는 기도하라는 초대를 받았습니다. 이 초대는 앞에서 우리가 기도에 대해 일반적으로 말했던 모든 내용을 전제합니다. 하지만 지금 중요한 것은 우리가 "하늘에 계신 우리 아버지여!"라고 기도하라는 권고를 받고 있다는 것입니다. 우리를 하나님께로 향하도록 만들고, 하나님을 "우리 아버지"라고 부르도록 초대하시는 분은 예수 그리스도입니다. 그분은 하나님의 아들이시며, 스스로 우리의 형제가 되셨고 우리를 그분 자신의 형제로 삼는 분입니다. 그분은 우리를 이끌어 그분 자신과 결합시키며, 그분의 자리에 서게 하십니다. 그렇게 해서 우리가 그분의 형제로서, 그분 몸의 지체로서 살고 행동할 수 있게 하십니다. 그분은 우리에게 이렇게 말씀하십니다. "나를 따라오너라!"

우리

주기도는 누구든지 상관없이 모든 사람이 할 수 있는 자의적 간구의 형태가 아닙니다. "**우리** 아버지!" 안에 들어 있는 "우리"라는 표현은 아주 특별한 방식으로 우리를 위하시는 한분 아버지를 전제하고 있습니다. "우리"는 "나를 따라오너라"라는 예수 그리스도의 지시를 통해 창조된 것입니다. 거기에는 예수 그리스도와 함께 기도하는 인간이 그분과 이루게 되는 공동체가 내포되어 있고, 하나님의 자녀들의 형제애 안에 있는 인간적 현존재가 내포되어 있습니다. 예수께서는 그 인간이 그분 자신에게 결속되는 것, 특별히 하나님 곧 그분의 아버지께 그분이 중보할 때 그분에게 결속되는 것을 권하고 허락하고 명령하십니다. 예수 그리스도께서는 우리가 그분과 함께 하나님께 말을 건네고, 그분과 함께 그분의 기도를 하고, 주기도를 통해 그분에게 결속되도록 우리를 초대하고, 우리에게 그렇게 하라고 명령하며 허락하십니다. 그렇게 해서 우리는 **한** 입으로, **한** 영혼으로 그분과 함께, 그분과 하나가 되어 하나님께 경배하고 기도할 수 있게 됩니다.

"우리"라는 말은 다른 한편으로 기도하는 사람이 이루는 공동체, 곧 그 사람과 함께하는 모든 사람, 그리고 그와 마찬가지로 기도하도록 초대받은 모든 사람과 더불어 이루는 공동체를 의미합니다. 그들은 예수 그리스도 자리에서 기도하라는 동일한 초대를 받은 사람들이며, 동일한 명령과 허락을 받은 사람들입니다. 이런 모임을 형성하는 공동체 안에서, 즉 우리가 "교회"("교회"라는 표현을 에클레시아〔모임〕라는 본래의 의미에서 받아들인다면)라고 부르는 믿음의 단체 안에서 사람들은 "우리 아버지여!"라고 기도하게 됩니다.

물론 우리는 전적으로 성도들의 공동체 안에, 다시 말해 예수 그리스도의 부르심을 통해 모인 사람들이 이루는 에클레시아 안에 있습니다. 하지만 우리는 그와 동시에 아마도 아직 기도하지 않는 사람들과 함께하는 공동체 안에도 있습니다. 예수 그리스도께서는 그들을 위해서도 기도하십니다. 왜냐하면 그분은 인류 전체를 위해 기도하시기 때문입니다. 인류가 그런 중보기도의 대상입니다. 이때 우리는 전체 인류와 함께하는 큰 공동체 안으로 발을 들여놓습니다. 그리스도인들이 기도할 때, 그들은 기도하지 않는 사람들 모두의 대리인이 되는 셈입니다. 이런 의미에서 그리스도인들은 기도하지 않는 자들과 결합되는데, 이것은 예수 그리스도께서 죄인들과 연합을 이루며 길을 잃은 인류와 연대하는 것과 동일한 방식으로 일어납니다.

우리 아버지

우리 아버지여, 당신은 당신의 말씀과 영을 통해 우리를 낳으셨으며, 우리를 창조하셨습니다. 당신은 우리의 창조자이시기에 우리의 아버지이십니다. 당신은 언약의 주님으로서 인간과 언약 맺기를 원하셨습니다. 당신은 우리의 창조 안에 계셨고, 우리의 창조를 시작하셨습니다. 또한 우리의 현존재의 목적이십니다.

우리 아버지여, 당신은 우리의 온 실존에 대해, 우리의 시간적 실존만이 아니라 영원한 실존에 대해서도 책임을 떠맡으셨습니다. 아버지 하나님, 당신의 영광은 우리에게 약속된 유산입니다. 자녀들이 아버지 곁에 자유롭게 드나들듯, 우리는 당신 곁을 자유롭게 드나들 수 있습니다.

우리 아버지여, 당신은 본성으로부터 아주 단순하게 우리의 소리에 귀를 기울이고 우리의 말을 들을 준비가 되어 계십니다……그런데 우리는 항상 그것을 잊어버립니다.

우리는 하나님을 부정하는 일이 많습니다. 그렇다고 해도 하나님은 우리를 잊으실 수도 우리를 부인하실 수도 없습니다. 하나님은 아버지이시고 본성으로부터 신실하시기 때문입니다. 하나님이 지니신 우리에 대한 우월성, 우리에 대한 선한 의지는 변함이 없습니다.

보십시오. 이런 분이 바로 우리를 위한 하나님이십니다. 하지만 우리는 이렇게도 말해야 합니다. 우리는 그분의 자녀가 되어 그분을 그렇게 부를 수 있는 권리, 그리고 그런 방식으로 그분께 말을 건넬 권리를 가지고 있지 않습니다. 그분은 우리의 아버지이시고 우리는 그분의 자녀들입니다. 이것은 그분과 예수 그리스도 사이에 있는 본성적 관계 덕분이며, 예수 그리스도의 인격 안에서 실현되었던 아버지 되심과 아들 되심 덕분입니다. 아버지 되심과 아들 되심은 예수 그리스도 안에서 우리를 위한 현실로 실현됩니다. 우리는 그분의 자녀이며, 그분은 우리의 아버지이십니다. 이것은 새로운 탄생 덕분인데, 이 탄생은 성탄절과 성금요일 그리고 부활절에 실현되었으며, 우리가 세례를 받는 시간에 실현됩니다. 새로운 탄생, 그것은 현실적으로 새로운 현존재를 의미하며, 우리의 인간적 가능성들과 우리의 공로로부터 생겨날 수 있는 것과는 다른 삶을 의미합니다.

하나님, 우리 아버지! 이것은 자비로우신 아버지를 부르는 것을 의미합니다. 잃어버린 자녀들이고 항상 그럴 것인 우리는 예수 그리스도의 인격 안에서 우리에게 주어진 것 외에 다른 어떤 권리도 주장할 수 없습니다.

이것은 앞에서 하나님의 아버지 되심에 대해 말했던 내용을 약화시키지 않습니다. 오히려 우리 아버지의 분명하심, 확실하심, 위대하심, 존엄하심은 다음과 같은 사실에서 드러납니다. 우리는 그분 앞에서 우리 자신으로서는 아무런 능력도 아무런 공로도 없이, 우리 자신의 믿음도 없이 오로지 빈손으로 현존한다는 사실입니다. 그럼에도 불구하고 우리는 예수 그리스도 안에서 하나님의 자녀들입니다. 만약 우리가 우리 자신에게서 기인하는 어떤 것—그것이 무엇이든—을 거기에 부가할 수 있다고 한다면, 자녀 됨의 현실성은 더 이상 확실하지 않은 것이 될 것입니다. 하나님으로부터 나온 현실성, 오로지 그것만이 충만한 전체 현실성입니다.

예수 그리스도는 하나님의 아버지 되심과 우리의 자녀 됨을 선사하고 보증하시는 분입니다. 그것이 **바로 그** 특별한 아버지 되심과 **바로 그** 특별한 자녀 됨이 왜 다른 어떤 일반적 아버지 됨과 자녀 됨보다 비교할 수 없을 정도로 훨씬 높은 것인지, 우리가 우리끼리 아버지, 아들, 자녀라고 부르는 모든 것보다 훨씬 높은 것인지를 말해 주는 이유입니다. 우리 사이에 이루어지는 인간관계들은 원상原象, Urbild이 아닙니다. 그런 원상이 아닌 다른 관계들은 모상模像, Abbild 혹은 상징입니다. 원상 곧 참된 아버지 되심과 참된 자녀 됨은 하나님이 그분 자신과 우리 사이에 창조하신 관계들 안에 존재합니다. 우리 사이에서 존재하는 모든 관계는 그런 원형적 자녀 됨의 모상입니다. 하지만 우리가 하나님을 우리 아버지라고 부를 때, 상징주의에 빠지는 것은 아닙니다. 오히려 그때 우리는 아버지와 아들이라는 두 단어의 충만한 현실성 안에 있게 됩니다.

당신은 하늘에 계십니다

하늘! 그것은 창조된 세계의 한 부분입니다. 그것은 하층 세계와 대비되는 상층 세계이며, 우리가 접근할 수 없고 파악할 수 없는 창조의 부분입니다. 하지만 하나님은 하늘보다 높으시며, 하늘 너머에 계십니다. 그러하신 하나님이 예수 그리스도의 아버지이시며, 예수 그리스도 안에서 세계를 사랑하시는 분입니다. 사람들은 하나님에 대해 말할 때, 하나님은 무제한적이며, 파악 불가능하며, 자유로우며, 제약을 받지 않으며, 영원하며, 전능하며, 모든 것보다 뛰어나시다는 식으로 표현합니다. 그런데 이런 표현들에 담긴 고유한 의미는 어떤 이념이나 추상적 개념으로부터 얻어질 수 없습니다. 사람들은 하나님을 제한되고 파악 가능하고 시간적인 것의 반대로 이해하고 싶어 했지만, 그렇게 해서는 그 의미가 파악되지 않습니다. 하나님에 대한 그 모든 표현이 자신의 고유한 의미를 비로소 얻을 수 있는 곳은 예수 그리스도 안에서 스스로 우리 아버지가 되셨던 바로 그 하늘에 계신 아버지의 선하심입니다. 하나님의 "초월성", "하늘 너머의 실존성"은 그런 식으로 이해되어야 합니다. 어떤 철학도, 아리스토텔레스의 철학도, 칸트나 플라톤의 철학도 하나님의 초월성에 도달할 수 없습니다. 철학은 단지 파악될 수 없는 것의 경계선까지만, 우리보다 높은 곳에 존재하는 것의 경계선까지만 다다를 수 있기 때문입니다. 철학 전체는 하늘 주변을 빙빙 돌 뿐입니다. 오로지 복음만이 우리에게 하늘에 계신 분, 아니 하늘 너머에 계신 분에 대해 말해 줄 수 있습니다. 어떤 영성주의자, 관념론자, 혹은 실존주의자도 우리를 하나님의 현실성으로, **그분의** 초월성으로 데려다줄 수 없습니다. 하나님의 초월성은 영Geist 혹은 비가시성과는 다른 종류의 문제입니다. 그분의 초월성은 예수 그리스도 안에서, 그분의 전능하신 자비의 깊이 안에서 입증되고 모습을 드러내며 실현됩니다.

그분은 하늘에 계시며 보좌에 앉아 계십니다. 이것은 그분의 가장 높으신 존재를 묘사합니다. 그곳에서 그분은 우리의 소원들과 우리의 크고 작은 염려들을 살피시며, 우리의 이상들과 원리들, 우리의 영리함과 어리석음을 마주 대하십니다. 그곳에서 그분은 우리의 인본주의와 "동물주의"Animalismus를 마주 대하여 보고 계십니다(다시 말해, 우리 안에 있는 인간적인 것과 동물적인 것을 지켜보고 계십니다). 우리를 관장하며 우리를 다스리는 심판자와 왕이신 그분은 그곳에서 때로는 우리와 **맞서** 계시며, 어떻든 항상 우리 **위에** 계십니다. 그분은 항상 동일하시지만, 그와 동시에 결코 동일한 존재로 머물지 않으십니다. 그분은 항상 매일 아침 새롭기 때문입니다. 그분은 매 순간 우리에게 현재하십니다. 그리고 우리에게 현재하시는 한에서만 그분은 또한 영원하십니다. 그분은 자유로운 은혜이시고, 은혜로운 자유이십니다. 만물이 그분에게 굴복하며, 만물이 그분에게 위임되어 있습니다. 그분의 손 안에서 만물은 섬길 수 있고 또 섬겨야만 하며, 이것은 과거에도 그랬고 또한 미래에도 그럴 것입니다. 보십시오. 이것이 바로 이 몇 마디 단어 안에 담긴 그분에 관계된 의미입니다. 우리가 지금 그분께 향하는 것은 우리 자신의 동기에 의한 것이 아닙니다. 그것은 우리가 그렇게 하도록 초대받고 부르심을 받았기 때문입니다. 우리는 그분께로 향할 수 있는 자유를 가지고 있습니다. 이 자유는 우리에게 선사된 것입니다. 이 자유는 단순히 우리의 자연적 본성에 속한 것이 아닙니다. 그것은 하나님 자녀의 자유이고 말씀과 영의 자유입니다.

02

주기도에서 우리가 간구하는 것

먼저 주기도에 담긴 간구를 전체적으로 관찰해 보기로 합니다. 그러면 이 간구의 구조가 어떤 의미에서는 십계명의 구조와 상응한다는 사실을 알아챌 수 있습니다. 주기도의 간구 중에서 처음 세 간구와 뒤따르는 세 간구는 아주 명확하게 구분됩니다. 처음 세 간구는 십계명의 처음 네 계명과 일치하고, 뒤의 세 간구는 십계명의 다섯 번째부터 열 번째까지의 계명과 일치합니다.

—

앞의 세 간구는 하나님의 영광에 관계됩니다. 이런 방식으로 주기도는 시작됩니다. 이와 함께 우리에게 허용되는 것은, 아니 우리에게 명령되는 것은 하나님의 일에 관심을 가지는 것이며,

이런 하나님의 일—그분의 이름, 그분의 나라, 그분의 뜻—이 승리하도록, 그리고 완전히 실현되도록 기도하는 것입니다. 예수 그리스도 안에서 하나님은 자신을 이런 하나님으로 계시하셨습니다. 곧 하나님은 완전히 자유롭고 자기 스스로 전적으로 충분하시지만, 그럼에도 불구하고 홀로 있기를 원치 않으시는 하나님입니다. 그분은 인간 없이 행동하고 존재하고 살고 애쓰고 일하고 싸우고 이기고 통치하고 승리하기를 원하지 않으십니다. 따라서 그분은 자신의 일들이 오로지 그분 자신의 것으로 남아 있기를 원하지 않으십니다. 그분은 그분 자신의 일들이 또한 인간의 일이 되기를 원하십니다.

무신론자들, 하나님이 없는 인간들이 정말로 존재합니까? 하나님이 없는 인간들이 설령 있다고 해도 그리스도교적 의미에서 인간이 없는 하나님은 어떤 경우에도 존재하지 않습니다. 이 사실에 대한 이해가 매우 중요합니다. 하나님은 우리와 함께 **계셨고**, 지금도 그분은 우리와 함께 **계십니다**. 임마누엘! 우리가 처음 세 간구에서 그렇게 하도록 초청을 받은 대로, 하나님은 우리가 하나님 일의 성공을 위해 기도하도록 허락하시고, 또 그렇게 기도하라고 명령하십니다. 하나님은 우리가 그분의 사역에, 교회와 세계에 대한 그분의 통치에 참여하라고 초대하십니다. 우리가 "당신의 이름이……당신의 나라가……당신의 뜻이……"라고 기도할 때, 우리는 다름이 아니라 바로 하나님의 편에 서게 됩니다. 하나님은 우리가 그분의 의도와 활동에 접목되도록 초대하십니다. 또한 우리가 주목해야 할 것은 주기도의 시작 부분에 나타나는 이런 초대가 마지막 송영에서 다시 반복해서 수용된다는 사실입니다.

이와 같은 처음 세 간구에, 우리가 하나님께 원하는 다른 것들의 자유, 기쁨, 생동성, 확신이 의존해 있습니다. 우리가 하나님 앞으로 가져가려는 모든 것은 하나님의 일에 참여하는 세 간구를 전제합니다. 그런 참여의 간구를 계속 거절하고 하나님의 일에 관심을 갖지 않는 사람은 자신의 죄의 용서를 위해서도, 일용할 양식을 위해서도 기도할 수 없습니다. 그런 사람은 여기서 무엇이 중요한지 이해하지 못하고 있습니다. 우리가 그분의 의도에 동의할 때, 다시 말해 우리 일을 포함해서 다른 모든 일을 포괄하는 그분의 일에 동의할 때, 우리는 비로소 하나님과 함께 살 수 있습니다. 그렇게 동의하지 않는 것은 마치 허공에 발을 딛고 서려고 하는 것과 마찬가지입니다. 걸어가기 위해서는 지반이 필요합니다. 우리가 기도하면서 앞으로 나아가기 위해서는 이와 같은 처음 세 간구를 지반으로 삼아야 합니다. 수많은 기도들이 허공으로 흩어져 버리고, 수많은 기도들이 하나님의 귀에 도달하지 못하고, 그래서 하나님이 듣지 않으시는 것은 놀라운 일이 아닙니다. 이제 모든 것은 대단히 간단합니다. 우리의 기도가 처음 세 간구와 함께 시작되어야 하며, 그렇지 않고서는 우리는 기도 그 자체를 할 수 없는 것입니다. 우리는 이 사실을 바로 이해해야 합니다.

—

뒤따라오는 세 간구는 아주 직접적이고 실제적으로 우리 자신과 관계됩니다. 우리의 복지, 우리의 안녕, 우리의 육신적 구원과 영적·천상적 구원이 다루어지고 있습니다. 하나님은 예수 그리스도 안에서 우리의 일을—우리 삶의 크고 작은 문제들을—하나님 자신의 일과 묶어 하나로 만드셨기 때문에, 이제는 매우 단순히 우리 자신에게 유리한 것을 위해 부르짖는 것이 우리에게 허락되었습니다. 아니, 그렇게 하라고 명령을 받고 있습니다. 여기서 우리의 삶 전체가 그 부르짖음에 관여됩니다. 우리의 모든 짐을 하나님께 내려놓고 그분께 맡기는 것은 우리에게 허락된 일일 뿐만 아니라 명령된 일입니다. 우리는 이 세상을 여행할 때 대단히 많은 짐꾸러미를 싸들고 다니기 때문입니다. 이제 우리는 이 짐들을 하나님께 맡길 수 있습니다. 시간적인, 물질적인, 세상적인, 영원한, 그리스도교적인, 교회적인, 그리고 신학적인 짐들 말입니다.

예수 그리스도 안에서 인간의 본질이 계시됩니다. 그분 안에서 그 피조물은 진정한 의미의 피조물, 본래적 의미의 피조물, 곧 홀로 존재하거나 실존하거나 행동할 수 없는 피조물이 됩니다. 이 피조물은 하나님 없이 살 수 없습니다. 하나님 없이는 먹을 수도 마실 수도 없으며, 사랑할 수도 미워할 수도 없습니다. 하나님 없이 이 피조물은 의롭게 될 수도 없고 구원을 받을 수도 없습니다. 슬퍼할 수도 즐거워할 수도 없고, 희망을 가질 수도 절망할 수도 없으며, 성공할 수도 실패할 수도 없습니다. 우리가 하나님의 피조물들 가운데서 실존할 수 있는 것은 오로지 그분 덕분입니다. 따라서 진실로 하나님 없는 인간은 없습니다. 물론 이런 이념을 가진 사람들이 있으며, 스스로 무신론자라고 믿는 사람들이 있습니다. 그것은 일종의 고정관념입니다. 그러나 그것은 그 무엇도 결코 변화시키지 못합니다. 인간 그 자체는 하나님 없이 존재할 수 없습니다. 그런 사람은 울면서 어머니에게 소리 지르는 못된 아이처럼 행동할 수 있습니다. 그래도 어머니는 거기 계십니다.

이것은 철학 사상이 아닙니다. 우리는 "하나님 없는 인간은 없다"라는 명제를 말하고 있습니다. 나는 이 명제가 예수 그리스도에 대한 믿음 밖에서 어떤 설득력 있는 방식으로 설명될 수 있을지 알지 못합니다. 하지만 우리가 예수 그리스도를 이해한다면, 바로 그 순간에 우리는 인간을 이해하게 되며, 인간의 본성과 하나님으로부터 분리될 수 없는 인간의 규정성을 이해하게 됩니다. 이제 하나님 없는 인간은 없기 때문에—무신론은 우스꽝스러운 허구입니다—하나님은 우리에게 기도하라고 명하시며, 우리의 일과 필요에, 우리의 걱정과 고민에, 우리의 기대에, 아니 모든 것에 관여하십니다. "오늘 우리에게 일용할 양식을 주시고"라고 기도할 때, 우리가 하는 일은 단지 우리 삶의 현실이 어떠한지 확인하는 것뿐입니다. 다시 말해, 원래의 마땅한 존재적 상황을 인정하는 것뿐입니다. 그것은 하나님이 없다면 우리는 아무것도 아니라는 현실을 아는 것입니다. 그분께 간구하고 우리의 일들을 그분의 일과 일치시키라는 명령, 아니 이 초대는 마땅한 본래적 상황을 아주 단순하게 확정하는 것입니다. 하나님은 감사하게도 인간성을 취하신 예수 그리스도의 자리에 서라고 우리를 초대하고 명령하십니다. 예수 그리스도는 하나님이시지만 인간이 되셨습니다. 그래서 그분은 우리가 몰두하는 모든 큰일에도, 그리고 특별히 모든 작은 일에도 관심을 가지십니다.

인간의 이와 같은 일들—인간의 물질적 필요들과 인간의 평안—은 하나님의 일 다음에 **뒤따라**옵니다. 여기서 우리는 우리 자신을 위한 이 간구가 없어도 괜찮은 것이 아니라는 사실을 알아챌 수 있어야 합니다. 우리 자신을 위한 뒤의 세 간구가 없다면, 하나님의 영광을 위한 처음 세 간구도 확고히 존재하지 못할 것입니다. 다시 말해, 우리 자신을 위한 세 간구는 하나님의 영광을 위한 처음 세 간구와 마찬가지로 없어서는 안 되는 것입니다. 우리 자신을 위한 세 가지 기도로 계속해서 나아가기를 원치 않는 사람은 솔직하고 올바르게 기도하지 못하는 것입니다. 〔하나님의 영광과 마찬가지로〕 사람도 〔기도에서〕 자신의 자리를 가지고 있어야 합니다. 그에게서 그의 일은 중요하고, 그의 성격이나 예민한 관심, 그 밖의 모든 것과 더불어 그의 존재가 중요하기 때문입니다. 사람은 하나님의 일을 위해서만 존재하는 것이 아닙니다. 사람은 현실적으로 자기 일도 가지고 와야 합니다. 물론 이때 그는 그 일들을 하나님의 일 안에 포함시켜야 합니다. 따라서 우리 자신을 위한 뒤의 세 간구를 빼어 버리는 것은 위험한 일이 될 것입니다. 그렇게 되면 사람들은 한편에서는 교회, 신학, 형이상학의 영역과 관계하고, 다른 한편에서 돈, 성, 사업, 이웃이 문제가 되는 영역과 별개로 관계할 것이기 때문입니다. 그때 사람들은 두 개의 서랍을 갖게 되는 셈입니다. 하지만 사람들이 원하든 않든 상관없이 실상은 오로지 **하나의** 서랍만이 존재합니다. 두 개의 서랍이라는 환상처럼 위험한 것은 없습니다. 사람들은 종종 목사관에 두 개의 서랍이 있을 것으로 상상합니다. 곧 우리의 일과 하나님의 일 사이의 변증법입니다. 하지만 두 가지 일은 하나로 결합되어 있습니다. 그래서 우리는 양쪽 모두를 위해 기도합니다. 그것이 바로 예수 그리스도께서 우리를 그분 자신과 함께 기도하도록 초대하신 이유입니다. 그분 안에서는 이 두 가지 일이 **하나의** 일이기 때문입니다. 따라서 주기도에서 두 부분의 **구분**을 이해하면서도, 또한 양자의 **통일성**을 이해하는 것이 중요합니다.

우리는 루터가 자신의 『소교리문답』에서 흥미롭고 유익한 방식으로 이 역설을 강조한 것을 기억합니다. 하나님은 우리가 기도하는 그 의미 안에서 행동하십니다. 그분의 이름이 거룩해지고, 그분의 나라가 다가오며, 그분의 뜻이 이루어집니다. 하나님은 우리에게 양식을 허락하시며, 우리의 죄를 용서해 주십니다. 그분은 그 모든 것을 우리가 그분께 간구하기 전에 행하십니다. 우리는 그분께 어떤 것을 말하기도 전에 이미 우리의 기도를 들으신 분에게 향합니다. 우리가 결코 잊어서는 안 되는 것—루터가 이렇게 말한 것은 옳은 일입니다—이 있습니다. 실제로 기도하시는 이는 예수 그리스도이시고, 우리는 그분의 중보기도에 접목될 뿐입니다. 하나님께서 귀를 기울여 들어주시는 대상은 예수 그리스도입니다. 하나님께서는 예수 그리스도의 기도를 세계의 시초부터, 영원부터 영원까지 들으셨습니다.

모든 것은 이미 질서를 갖추고 있습니다. 이 책의 제I장에서 나는 칼뱅과 루터의 견해에 따라 기도의 근거와 하나님께서 기도를 들어주신다는 사실을 강조했습니다. 우리는 예수 그리스도의 이름 안에서 하나님께서 우리의 기도를 이미 **들으셨다**는 사실을 이해하는 것으로 시작하려 합니다. 우리가 하나님 쪽으로 향할 때, 이미 모든 것은 그곳에 있습니다.

루터는 주기도에 관련해서 이렇게 말합니다. 우리는 하나님의 행동을 편들고 지지하며 그것에 참여해야 합니다. 하나님은 그분 자신의 영광과 우리의 구원을 위해 활동하고 계십니다. 우리는 그분의 활동으로부터 유익을 얻어야 합니다. 이때 우리는 방관자로서 어쩔 수 없이 일하는 동역자의 역할을 수행해서는 안 됩니다. 오히려 우리는 기도해야 하고, 하나님과 그분이 하시는 일에 관심을 가져야 합니다. 이것이 진정한 협력입니다. 그분은 우리가 그분을 전심으로 의지하도록 초대하시며, 그분의 일과 우리의 일들이 내적으로는 하나라는 것과 우리의 일들이 전부 그분의 일 안에 포함되어 있다는 것을 이해하도록 초대하십니다. 하나님 앞에서 현존하는 우리 인간들은 이제 이 두 가지 일들의 거대한 상호작용 안에서 살아갈 준비를 갖추게 됩니다. 모든 것은 하나님의 자유 안에, 그분의 주도적 통치권 안에 놓여 있습니다. 그분은 운명의 여신 아낭케^Anânke^와 같지 않고,

그분의 통치는 어쩔 수 없는 숙명이 아닙니다. 하나님은 우리 아버지이시며, 그분은 우리가 그분과 함께 살기를 원하십니다.

(1) 하나님의 영광을 위한 세 가지 간구

아버지의 이름을 거룩하게 하시며

사람들이 하나님에 대해 말할 때, 하나님의 이름은 창조 세계 안에 현존하는 하나님의 영광을 묘사하는 것으로 이해합니다. 물론 하나님의 이름은 단순히 그리고 직접적으로 하나님 자신과 동일시될 수 없습니다. 하지만 그 이름은 하나님을 대리합니다. 창조 세계는 하나님의 영광을 드러내는 무대(칼뱅)이기에, 세계는 단지 피조물에 불과합니다. 그러나 세계는 세계 자체에 의거하지 않는 어떤 조건 아래서 하나님의 이름의 전달자일 수는 있습니다. 이것은 철학적 의미에서 그렇게 말해지는 것이 아닙니다. 하나님 자신이 여기 오셔서 현존하고 계심을 알리는 새겨진 글씨와 같은 어떤 것이 세계 안에 있을 수 있습니다. 만약 그런 경우가 있다면, 그때 우리는 그 새겨진 글씨들이 원래 눈으로 볼 수 있는 것이라고 말하기보다는, 그것들이 계시를 통해 조명되기 때문에 볼 수 있게 되었다고 말해야 할 것입니다. 밤의 도시에서 흔히 볼 수 있는 광고 간판들처럼 말입니다.

우리의 눈은 열렸으며, 우리는 그렇게 새겨진 글씨들을 보기를 원합니다. 이 세계는 하나님의 세계입니다. 따라서 그분의 이름이 세계 안에 새겨져 있을 수 있습니다. 세계의 만물은 그분의 영광을 노래합니다. 하나님께서 창조하신 만물이 창조주의 이름을 전할 수 있습니다.

이제 이런 물음이 제기됩니다. 그 이름은 눈에 보이는 것입니까? 그 이름은 계시됩니까? 세계 속에 새겨진 그런 글씨들은 밝은 조명을 받습니까? 우리의 눈과 귀는 열립니까? 그 이름이 거룩해집니까? 우리는 여기서 피조물의 가능성의 영역 안에 놓여 있지 않은 어떤 성취가 문제되고 있음을 이해하게 됩니다. 피조물이 자기 자신으로부터 시작해서 스스로 하나님의 이름을 전달하는 존재가 되는 것은 불가능합니다. 세계 그 자체는 하나님을 계시할 능력을 갖고 있지 않습니다. 그리고 인간 그 자체는 계시를 수용할 능력을 갖고 있지 않습니다. 눈으로도, 귀로도, 이성으로도 그렇게 할 수가 없습니다. 하나님에 대해 바르게 말할 수 있는 분은 오로지 하나님 자신뿐입니다(파스칼). 하나님이 자기 자신을 보여주시는 것, 그래서 하나님을 볼 수 있게 되고, 인식할 수 있게 되고, 인정할 수 있게 되는 것은 오로지 하나님이 완성하시는 객관적·주관적 행동을 통해 일어납니다. 우리가 하나님을 알게 되고 인식함으로써 이 세상에서 하나님의 현존을 대면하며 살아가는 것이 우리에게 선물로 허락되는 것도 마찬가지입니다. 하나님의 그와 같은 행동은 기도를 통해 우리에게 현실이 됩니다.

"아버지의 이름을 거룩하게 하시며"라는 간구는 하나님의 이름이 그렇게 기도하는 자에게 이미 알려져 있다는 사실을 포함하고 있습니다. 사람은 자신이 알지 못하는 어떤 것을 위해 기도하지는 않습니다. 위의 간구는 하나님의 이름이 이미 거룩해져 있다는 사실을 전제합니다(루터). 그래서 우리는 예수 그리스도와 함께 주기도로 기도하는 자들의 이런 특별한 상황에서, 또한 기도에서도, 그분 자신을 따르라는 그분의 명령에 순종하려고 합니다. 우리가 예수 그리스와 함께 기도할 때, 하나님의 이름이 과거는 물론 현재도 이미 거룩하다는 인식이 우리에게 없을 수는 없습니다.

따라서 이 기도는 우리가 말로 표현하기 이전에 이미 하나님이 응답하신 것입니다. 만약 우리가 기도하면서도 하나님의 이름의 이와 같은 거룩함에 대해 아무것도 모르고 있다면, 우리는 예수 그리스도와 함께 기도하는 그리스도인이라고 할 수 없습니다. 실제로 우리는 하나님의 행동을 통해 이미 일어난 일이 계속 진행되어 그 목표에 도달하기를 기도하는 것입니다.

따라서 "아버지의 이름을 거룩하게 하시며"라는 이 구절을 다음과 같은 의미로 바꾸어 이해해야 합니다. "그 이름은 이미 거룩해져 있고 지금도 거룩합니다." 이 전제가 우리 기도의 토대입니다.

하늘에 계신 우리 아버지, 당신께서 우리에게 말씀하셨습니다. 당신의 아들 안에서 당신은 스스로 말씀이 되셨습니다. 당신은 육체로 이 세상에 오셔서 우리에게 인지될 수 있도록 하셨고, 우리가 접근할 수 있도록 해주셨습니다. 당신의 이름의 표현 속에는 어둠이 없으며 빛으로 가득합니다. 우리는 이 세상에 홀로 있지 않습니다. 당신은 인간의 용모를 취하셨고, 그렇게 당신 자신을 우리에게 보여주십니다. 우리는 당신께서 그런 방식으로 우리에게 말씀하시는 것을 이해할 수 있습니다. 우리는 하나님 없는 세상에 살고 있지 않습니다.

당신의 예언자와 사도들은 우리와 동일한 토대 위에서 살았고, 우리에 대한 계획과 동일한 계획 속에 존재합니다. 우리는 그들의 목소리에 귀를 기울입니다. 당신께서 부르셨고 계속해서 불러 모으시는 당신의 교회, 땅 위에 살며 수백 년의 긴 세월 동안 수많은 핍박과 위협과 연약함 속에서도 살아남은 당신의 교회—이 교회가 저지른 너무도 많은 실수들이 있다고 해도—우리는 당신의 교회와 그것의 활동을 통해 들려오는 당신의 음성을 들었습니다.

우리는 세례를 받았습니다. 우리는 그 교회 안에서 당신의 자녀들과 함께 있습니다. 우리 자신도 당신의 자녀들이기 때문입니다. 우리는 당신께서 당신의 말씀을 선포하라는 사명을 위임하신 당신의 보내심을 받은 자들 가운데 있습니다.

보내심을 받은 자들이 없다면, 어느 누구도 하나님의 자녀가 될 수 없을 것입니다. 우리는 믿음의 자유, 의지의 자유, 순종의 자유를 가지고 있습니다. 이것은 다음과 같은 의미를 가집니다. 즉 우리가 살고 있는 이 세상, 그리고 한계, 장애, 어려움, 얽힘을 가진 우리 자신의 삶, 또한 우리 이웃의 그런 상황을 포함한 모든 것이 우리에게 이제 더 이상 완전한 비밀로 남아 있을 수 없다는 것입니다. 물론 많은 비밀이 있지만, 우리는 더 이상 절대적인 비밀 안에서 살아가지 않습니다. 우리는 무無에 빠져 있지 않습니다. 사르트르와 하이데거의 이론은 참된 진리가 아닙니다. 그 이론은 이교異教의 가르침으로 되돌아가 그곳에 빠질 뿐입니다. 우리는 이 세상 안에, 인간성 안에, 역사 안에 한 가지 확실한 것이 있다는 것을 알고 있습니다. 하나님이 이곳에 현존하신다는 표지들이 빛을 발하고 있기 때문입니다. 예수 그리스도께서 우리를 위해 죽으시고 부활하셨습니다. 이것은 우리만을 위한 것이 아니고 온 세상을 위한 것입니다. 그렇기에 인간의 희망은 하나님이 세상을 사랑하셨다는 바로 그 사실 위에 놓여 있습니다. 이처럼 주님의 죽음과 부활에서 현실이 드러납니다. 우리는 이 사건에 대한 기억 속에서, 그리고 보편적 부활에 대한 기대 속에서 살아갑니다. 그런 의미에서 우리는 이렇게 말합니다. "하나님의 이름이 이미 거룩해져 있습니다." 이것이 그리스도교적인 입장입니다. 비밀의 열쇠는 우리의 손에 쥐어져 있습니다.

우리는 이런 노선을 따라 계속 앞으로 나아갑니다! 열쇠가 우리에게 주어져 **있기에**, 하나님의 이름이 이미 거룩해져 있기에, 우리는 "아버지의 이름을 거룩하게 하시며!"라고 간구해야 할 더 많은 이유를 가지게 됩니다. 그 간구는 다음과 같은 것을 말합니다.

> 우리보다 더 나쁘지도 선하지도 않은 이 세상의 한가운데서 우리 피조물은 당신을 인식하고 당신의 사역을 위한 일로 부르심을 받는 특권을 누리고 있습니다. 우리와 세계에게 이렇게 놀랍게 주어진 선물이 당신에 의해 유용하게 사용되는 일이 일어나기를 원합니다. 또한 당신이 당신의 아들 안에서 우리에게 말씀하셨다는 사건이 헛된 일이 되지 않기를 원합니다. 당

> 신의 교회가 자신의 존재를 타당하게 유지해 나갈 줄 알게 하시며, 자신의 존재를 로마 가톨릭교회처럼 만들기를 원하는 모든 반동적 움직임으로부터, 또한 도를 넘어선 아메리카주의로부터 해방되게 하소서! 당신의 교회가 두려움과 소심함으로부터, 교만의 영과 허풍으로부터 해방되게 하소서! 우리가 성서를 주의 깊게 읽지 않고 단지 종이만 후르르 넘기는 일을 멈추게 하여 주소서! 성서를 인용하여 우리의 관심사를 추구하는 일이 줄어들게 하시고, 대신 우리가 성서에 따라 살고, 성서 자체가 우리에게 말하도록 하여 주소서! 성서가 끊임없이 우리의 관심을 유발할 수 있도록 우리가 기도하게 하소서! 성서를 펼쳐 읽기 시작할 때 우리로 하품하지 않게 하시고, 당신의 말씀의 모든 작은 부분들이 우리의 뇌와 입에서 지루한 일거리가 되지 않게 하소서! 아울러 당신의 말씀이 나쁜 설교, 나쁜 교리문답, 나쁜 신학이 되지 않도록 지켜 주소서!

이 모든 기도는 매우 단순합니다. 하지만 그것은 매우 필요합니다.

루터는 이와 같은 성화의 작용이 선포에서 표명되어야 한다고 분명히 설명했습니다. 나쁜 설교는 이런 성화의 반대편에 서는 것입니다. 하나님의 말씀이 우리에게 매일 새롭게 **하나님의**

말씀이 되기를 원합니다! 하나님의 말씀은 어떤 진리나 원리나 사람들이 책상 위에 올려놓을 수 있는 물건과 같은 것이 아니라, 살아 계신 인격이고 위대한 비밀이며 거대한 단순함입니다! 하지만 하나님의 말씀의 그런 표징들, 곧 말씀이라는 하나님의 이름의 표징들은 우리 자신에 의해 우리 한가운데서, 우리의 삶, 도덕, 습관의 진지함과 쾌활함을 통해 계속 반복해서 볼 수 있게 되어야 합니다! 우리가 매우 자주 언급하는 이런 위대한 기쁨과 위대한 평화를 우리 눈으로 볼 수 있게 되는 일이 우리에게 선물로 주어지기를 우리는 기도합니다. 사람들도 이 기쁨과 평화를 깨닫게 되기를 원합니다! 우리가 매일 하나님을 불명예스럽게 만드는 그리스도교적 월권과 무지와 불신앙이 조금씩 그치고 조금씩 억제되기를 원합니다. 우리는 그렇게 기도합니다.

이제 우리는 우리 손에 다시 놓인 이 열쇠를 문에 꽂고 아주 조금만 돌리기를 원합니다. 그러면 어느 아름다운 날 문이 열릴 것입니다! 그것이 하나님의 이름을 거룩하게 하는 것입니다. 우리는 이런 좋은 선물과 그것의 성취를 위해, 반드시 일어나야 하지만 우리 자신이 일어나게 할 수는 없는 그 일을 위해, 아직 간구해야 할 것이 남아 있다는 것을 압니다. 즉 이 모든 일이 일어나기 위해서는 하나님 자신이 관여하셔야 합니다. 왜냐하면 그분의 일이 관계되어 움직이고 있기 때문입니다. 우리도 어느 정도 책임을 다해야 하기는 하지만, 우리는 이 일들을 짊어지기에 적합하지 않습니다. 이 일들에 우리도 책임을 져야 한다는 사실은 매우 중요합니다. 그리고 하나님께서 직접 관여하셔야 한다는 사실은 아주 절대적으로 필수적입니다. 하나님께서 관여하셔야 우리는 기름을 준비하지 않았던 어리석은 처녀들 가운데 하나가 되지 않을 것입니다!

아버지의 나라가 오게 하시며

우리는 다른 곳에서와 마찬가지로 여기서도 종교개혁자들보다 조금 더 멀리 나아가야 합니다. 종교개혁자들은 하나님 나라의 현실에 담긴 종말론적 특성을 정확하게 구분하지 않았기 때문입니다. 우리는 하나님 나라에 대한 그들의 설명을 어느 정도 개선시키기를 시도할 것입니다.

신약성서에서 하나님 나라는 세상의 생명과 목표입니다. 이 생명과 목표는 창조자의 의도에 부합하는 것입니다. 하나님 나라는 세상에 대한 위협을 효과적·궁극적으로 막아 줍니다. 그 위협은 죄의 결과로 나타났던, 아니 나타날 수밖에 없었던 위협입니다. 하나님 나라는 세상에 침투한 죽음의 위험과 세상을 파괴하고자 호시탐탐 기회를 노리고 있는 파괴적 세력에 대해서도 효과적·궁극적으로 방어합니다. 세상이 이와 같이 위협당하고 위험에 놓이는 것은 그것이 단지 피조물일 뿐이기 때문입니다. 하지만 하나님 나라는 죄에 대한 최후의 **승리**입니다. 하나님 나라는 세상과 하나님 사이의 화해입니다(고후 5:19). 화해의 결과는 이렇습니다. 새로운 세상, 새로운 시대, 새 하늘과 새 땅이 존재합니다. 이 모든 것이 새로운 것은 그것들이 하나님의 평화 안으로 들어갔기 때문이며, 하나님의 평화로 둘러싸이기 때문입니다.

하나님 나라는 하나님의 정의, 창조주의 정의이며, 의롭게 하고 승리하시는 주님의 정의입니다. 세상의 끝과 목표는 왕의 나라의 오심입니다. "아버지의 나라가 오게 하시며!" 분명 우리는 이때 우리의 가능성을 무한히 넘어서는 어떤 성취와 새롭게 대면하게 됩니다. 그때 우리의 존재 전체와 행할 수 있는 모든 것은 비록 최상의 조건 아래에 있다고 하더라도 하나의 동일한 위험에 의해 위협을 받기 때문입니다. 그러므로 바로 우리 자신이 저 해방, 저 승리, 저 화해와 갱신을 필요로 합니다. 왕의 나라가 오시는 것은 우리의 힘에 전혀 의존하지 않고 이루어집니다. 우리가 우리의 현존과 가능성의 공간인 창조 자체를 위해 아무것도 할 수 없는 것처럼, 그 나라의 오심을 위해서도 그렇습니다. 그 나라의 오심은 오로지 우리의 기도의 대상일 뿐입니다. 세상을 창조하신 하나님만이 홀로 저 성취의 행동을 통해, 그리고 하나님 자신과 십자가에 못 박히신 분의 최종적인 칭의 안에서 세상을 완성하실 수 있습니다. 여기서 중요한 것은 그렇게 완성될 세상의 평화와 정의인데, 이것은 오로지 **그분의** 사역의 결과입니다. 그래서 우리는 이렇게 기도해야 합니다. "아버지의 나라가 오게 하시며!" 이 종소리가 울려 퍼져서 하나님 나라가 가까이 다가오는 시간을 널리 알리게 하소서!

그런데 누군가 하나님께 "아버지의 나라가 오게 하시며!" 라고 말한다면, 그렇게 기도하는 사람은 바로 그 나라, 바로 그 생명, 바로 그 정의, 바로 그 새로움, 바로 그 화해를 알고 있다는 것, 그리고 이 모든 것은 그에게 낯설지 않다는 것을 전제하고 있습니다. 그는 그 나라를 알고 있어야 합니다. 어떤 사람이 그렇게 기도할 때, 왕의 나라는 이미 와 있음이 틀림없습니다.

우리는 "예수 그리스도와 그분의 사람들" 사이에 형성되는 형제애 안에서 "주기도"로 기도하는 사람들이 놓이는 특별한 상황에 다시 한 번 서게 됩니다. 여기서 "아버지의 나라가 오게 하시며!"는 "당신의 나라는 이미 와 있습니다. 당신은 그 나라를 우리 가운데 이미 세우셨습니다"라고 말하는 것과 같은 의미를 가집니다. "하나님의 나라는 너희 안에 있느니라"(눅 17:21).

하나님 아버지, 당신은 예수 그리스도 안에서 모든 것을 성취하셨습니다. 당신은 예수 그리스도 안에서 세상을 당신 자신과 화해시키셨습니다.

사도 바울은 이와 같은 화해에 관해서 말할 때 그것이 어떤 미래의 사건인 것처럼 말하지 않습니다. 그는 이렇게 말합니다. "하나님께서 화해하게 하셨습니다." 화해는 발생했습니다.

예수 그리스도 안에서 당신은 죄와 그것의 모든 결과를 궁극적으로 제거하셨습니다. 예수 그리스도 안에서 당신은 모든 낯설고 적대적인 권세들을 폐기하셨습니다. "사탄이 하늘로부터 번개 같이 떨어지는 것을 내가 보았노라"(눅 10:18). 당신은 우리의 삶을 늘 위협하고 있는 죽음의 위험을 제거하셨습니다. 하나님, 당신께서는 예수 그리스도 안에서 더 이상 죽지 않는 새로운 인간이 되었습니다. 그 사건은 일어났습니다. 예수 그리스도 안에서 당신의 나라는 이 세상 안에 현존하게 되었습니다. 세상의 가장 깊은 곳에서, 당신의 영광을 총체적으로 드러내면서, 어떤 축소나 어떤 침묵도 없이 현존하게 되었습니다.

세상은 예수 그리스도 안에서 자신의 종말과 목표에 도달했습니다. 따라서 마지막 날, 심판, 죽은 자의 부활—이 모든 것이 예수 그리스도 안에서 이미 일어난 것입니다. 그것은 우리가 일어나기를 고대하고 있는 사건이 아니고, 이미 일어나서 우리 뒤편에 놓인 사건입니다. 우리는 그것이—그분 안에서!—지나간 과거의 사건이라는 사실을 반드시 이해해야 합니다. 예수 그리스도에 관해 말할 때, 그분의 말씀을 선포할 때, 복음을 믿을 때, 복음을 전하기 위해서 이방인에게로 갈 때, 그리고 하나님께 기도할 때, 교회는 이미 오신 교회의 주님께 시선을 돌려야 합니다. 교회는 성탄절, 성금요일, 부활절, 오순절을 기억합니다. 그것은 우리가 단지 종교적 의미를 부여할 뿐인 어떤 역사적 사건들이 아닙니다. 그날들은 예를 들어 "그것은 아주 좋아. 하지만 그 자체로는 아무것도 아니지!"라고 말하게 되는 역사적인 사건에 그치지 않습니다. 그렇지 않습니다! 그날들은 모든 것이 〔예언대로〕 맞아떨어졌으며, 그렇게 우리 뒤에 놓여 있는 그것은 아무것도 아닌 것[無]이 **아닙니다**. 우리는 육신이 되신 말씀을 선포하며, 이미 이 땅에 다가온 하나님 나라를 선포합니다. 기뻐서 환호하지 않는 교회, 자신의 중심 내용을 확신하지 못하는 교회는 존속할 수 없을 뿐만 아니라, 실제로 존재하는 것도 아닙니다. 슬픔에 빠진 교회, 어둡고 침침한 분위기의 교회는 교회가 아닙니다! 왜냐하면 교회는 육신이 되신 분 위에 기초하고 있고, (궁극 이전이 아니라) 궁극적 말씀을 전하기 위해 오신 분 위에 세워져 있기 때문입니다. 그 궁극적인 말씀은 이미 말해졌습니다. 우리는 그 사건 너머에서 살고 있습니다. 이런 사실 가운데 변경되어야 할 것은 없습니다. 성탄절과 부활절에 시작된 그 시간을 우리는 더 이상 뒤로 되돌릴 수 없습니다.

이와 같이 이해할 때, 그리고 그런 시간을 살아갈 때, 그것은 무엇을 의미합니까? 그 결과는 다음과 같습니다. 그래서 우리는 "아버지의 나라가 오게 하시며!"라고 더욱 기도해야 할 이유를 가진다는 것입니다. 여기에 어떤 모순도 없습니다. 이런 사태를 진리로 받아들인 사람은 그것을 잘 압니다. 그래서 그 사람은 기도합니다.

그것은 또한 다음과 같은 의미도 갖습니다. 인간의 유익을 위해 성탄절, 부활절, 오순절에 시작되었던 이런 위대한 하나님 나라의 운동이 지금 재차 수용되어야 한다는 사실 말입니다. 그것은 단지 과거의 사건이고, 우리 뒤로 지나가 버린 일이 아닙니다. 왜냐하면 우리는 뒤돌아보며 살아가는 것만이 아니라, 또한 앞을 바라보면서 살아가야 하기 때문입니다. 미래는 반드시 과거의 특징을 지니고 있을 것이며, 우리의 과거는 반드시 우리의 미래가 될 것입니다. 그렇기에 오셨던 주님은 다시 오실 것이 틀림없습니다.

우리는 지금 만물을 덮고 있는 덮개가 마치 탁자를 덮은 덮개가 벗겨지는 것처럼 벗겨지기를 기도합니다. 탁자는 덮개 아래에 있습니다. 그래서 탁자는 우리에게 보이지 않습니다. 하지만 덮개가 걷어지기만 한다면, 우리는 그 탁자를 볼 수 있습니다. 우리는 하나님의 왕권이 통치하는 현실을 여전히 가리고 있는 덮개가 벗겨져서, 예수 그리스도 안에서 이미 변경된 모든 사물들의 현실이 드러나 보이게 되기를 기도합니다. 하나님의 깊은 비밀이 그 현실 안에 들어 있습니다. 그것은 그 어떤 것으로도 측정될 수 없는 사건입니다. 우리의 개인적 삶, 우리 가족의 삶, 교회의 삶, 정치적 사건들과 같은 모든 것이 덮개입니다. 현실은 그 뒤편에 있습니다. 우리는 아직 얼굴과 얼굴을 마주 대하여 보고 있는 것이 아닙니다. 우리는 희미한 거울에 비친 불명확한 상을 보고 있습니다. 우리는 신문을 읽을 때 우리 자신의 일을 확신할 수 없습니다. 종교적인 신문이라고 해서 다른 신문들보다 더 큰 확실성을 제공해 주는 것도 아닙니다. 우리가 진정으로 현실을 볼 수 있기 위해서는 "아버지의 나라"가 와야 하며, 예수 그리스도께서 부활의 날에 나타나셔서 사도들에게 보이셨던 것처럼, 그분 자신을 우리에게도 나타내셔야 합니다. 그분은 새로운 인류와 새로운 세상의 머리가 되실 것입니다. 또한 그분은 지금 이미 머리이십니다. 우리는 이 사실을 알고 있습니다. 하지만 아직 그것을 눈으로 보고 있지는 않습니다. 우리는 그것을 보게 될 날을 기다리고 있습니다. 우리는 눈으로 보지는 못하지만 믿음 안에서 순례의 길을 가고 있습니다.

예수 그리스도 안에서 나타났던 하나님의 분명한 현실, 곧 그분의 삶, 그분의 죽음, 그리고 그분의 부활에서 나타났던 분명한 하나님의 현실이 우리 위에, 우리의 삶 전체 위에, 그리고 만물 위에 펼쳐지기를 기원합니다! 이 세상의 삶 안에 숨겨졌던 것들이 밝히 드러나기를 바랍니다! 그런 숨겨진 것들은 이미 드러나 있습니다. 하지만 우리는 아직 그것을 볼 수 없습니다. 그래서 우리의 삶을 뒤덮고 있는 많은 불안, 걱정, 과장, 의심이 있습니다. 그것들이 우리에게 이해되지 않습니다. 그래서 우리는 이렇게 간구합니다. 보고 이해하는 일이 우리에게 선물로 주어지게 하소서!

—

이제 우리는 다시 종교개혁자들의 해석을 따라가려고 합니다. 그래서 우리는 그와 같은 새로운 시대, 곧 이미 이루어진 승리의 최소한 처음 흔적만이라도 지금 볼 수 있게 해달라고 기도합니다. 그런 기회가 우리에게 선물로 주어지게 해달라고 기도합니다. 만물을 감싸는 아침 햇살이 우리를 비추고, 그래서 우리 자신, 다른 사람들, 역사 속의 사건들을 우리를 마주보며 다가오는 그 사건의 관점에서 바라볼 수 있게 해달라고 기도합니다. 그런 보편적인 계시, 그런 종말(벧전 1:3-12)이 우리에게 선사될 것입니다. 그와 함께 이미 오셨던 그분에 대한 우리의 믿음도 더욱 생생해지기를 원합니다! 믿음은 오로지 과거 사건에 근거해 있을 때, 그리고 미래에 오셔서 자신의 사역의 보편성을 계시해 주실 그분을 마주 바라볼 때 비로소 존재할 수 있습니다. 우리가 이런 희망으로 살아가게 하소서! 우리 시대에 대한 희망, 오늘 그리고 내일에 대한 희망 없이는 "아버지의 나라가 오게 하소서!"라고 기도할 수 없습니다. 위대한 희망을 품은 그 미래는 아직은 어느 정도 미미하게 보입니다. 우리는 지금 우리가 행하는 모든 일이 전혀 충분하지 않다는 것을 조금씩 이해하는 것으로 충분합니다. 우리가 서로 부딪치며 일으키는 수많은 싸움들, 특별히 근본적으로 정당화될 수 없는 우리의 개인적 혹은 심리적인 갈등들이 얼마나 사소한 일인지 이해하는 것으로 충분합니다. 그러나 그것을 이해하기 위해서는 다가오는 왕의 통치를 바라보아야 합니다. 심리학자들이 우리를 도와줄 수는 없습니다. 어느 날 해가 떠오를 것이며, 모든 것을 알게 되는 깨달음이 선물로 주어질 것입니다. 우리는 오로지 부활의 날이 세계 전체에 보편적인 사건이 되는 날을 기다립니다. 그날에 우리는 심리학자들을 더 이상 필요로 하지 않게 될 것입니다. 왜냐하면 그날 자체가 건강할 것이며, 모두가 강건해질 것이기 때문입니다. 우리 스위스 사람들이—유럽의 다른 현대인들보다 조금 더 순진하게도—심리학에 큰 관심을 기울이는 것은 놀랍습니다. 이와 비교할 때, 예를 들어 독일에서는 (1948년!) 그런 모든 갈등이 사라졌습니다. 그 이유는 모든 기초적 요구조건을 갖춘 삶이 이제 현존하기 때문입니다. 그런 삶이 현존할 때, 심리학의 문제는 더 이상 있을 수 없습니다.

우리는 그런 모든 〔심리학적〕 비극의 무용성을 알 수 있게 되도록 기도합니다. 그런 비극은 이방인에게나 어울리는 것이지 그리스도인들에게 적절한 것은 아닙니다. 오히려 우리는 고요한 평화 안에서, 멋진 유머를 갖추고, 어떤 사람도 억압하지 않고 세계를 조금이나마 끌어안는 사랑 안에서 살아가게 되기를 원합니다.

누가복음의 다른 종류의 사본코덱스 D에서는 주기도 부분에 다음과 같은 구절이 추가되어 있습니다. "**당신의 성령이 우리에게 오셔서 우리를 깨끗하게 하소서!**" 이것은 흥미로운 변주입니다. 물론 마태와 누가의 고전적 본문들이 문헌학적으로 진정성을 가진 것으로 평가되는 표현이기는 하지만 말입니다. 어쨌든 이것은 본문 내용에 잘 부합하는 주석입니다. 하나님 나라의 오심을 위해 간구할 때, 우리는 또한 성령께서 우리에게 오시기를 함께 간구합니다. 종교개혁자들은 이렇게 추가된 부분을 읽는 것을 수용했고, 두 번째 간구를 그것과 함께 해석했습니다. 그들은 틀림없이 옳았습니다. 다만 이때 "당신의 나라"라는 단어는 완전한 교회라는 의미와는 전혀 다른 것으로 이해되어야 합니다. "당신의 나라"는 현존하는 모든 것의 종말, 그리고 새로운 상태에 놓인 만물의 시작으로 이해되어야 합니다. 다행히도 하나님의 왕권 통치 아래서 교회는 더 이상 필요하지 않습니다. 왜냐하면 예수 그리스도께서 자신이 시작하셨던 일을 완성하실 것이기 때문입니다.

하지만 우리는 여전히 하나님께 간구해야 합니다. 왜냐하면 중요한 것은 하나님의 일이기 때문입니다. 하나님의 계명들은 우리에 대한 하나님의 인내를 그치지 않고 생각나게 만듭니다. 우리를 그분의 나라의 오심으로부터 여전히 분리시키는 불안정한 시기에 그분의 인내는 얼마나 절실한지 모릅니다! 하나님께서 마지막 종소리를 울리겠노라는 말씀을 하시는 곳에서 그 인내는 매우 절실합니다! 그렇습니다. 이제 완성에 이르러야 합니다! 하나님께서 그분의 약속을 성취하시고, 우리가 그 약속이 **하나님의** 약속이었음을 파악하게 되는 일이 일어나야 합니다. 아버지의 나라가 오게 하소서! 이미 와 있는 그 나라를 오게 하소서! 우리는 이처럼 단순하고 익숙한 간구를 통해 그분께 가까이 나아갑니다.

아버지의 뜻이 하늘에서와 같이 땅에서도 이루어지게 하소서!

우리는 현재로 되돌아옵니다. 현재는 과거 사건과 마찬가지로 하나님의 뜻이 이루어지는 영역입니다. 현재는 하나님이 구상하신 계획이 실행되는 영역입니다. 이 영역 안에서 하나님께서는 자신을 입증하시고 스스로를 창조주와 주님으로 영화롭게 하시며, 동시에 피조물을 의롭게 하고 영화롭게 해주십니다. 피조물은 하나님과 비교한다면 매우 보잘것없고 약하며 쉽게 과오를 저지릅니다. 왜냐하면 피조물은 죄로 오염되어 있고 길을 잃었으며 망가져 있기 때문입니다. 하지만 하나님의 뜻은 자신의 피조물을 보존하고 구출하며, 왕국의 계시를 통해 그분 자신의 작품을 완성하시는 것입니다.

아버지의 뜻이

바로 이와 같은 계획을 실행하는 것, 그 계획의 실행이 시간의 시작과 종말 사이에 위치한 지금 일어나는 것이 하나님의 뜻입니다! 그것은 우리가 살아가는 이 시간이 헛된 것으로 사라지지 않게 되는 것을 뜻합니다! 그 계획의 성취는 우리 자신의 일일 수 없습니다. 하나님의 이런 뜻을 행하는 것은 **우리가** 아닙니다. 그 뜻의 계획도 실행도 **하나님께** 속하며, 시간도 하나님께 속합니다. 현재의 일과 미래의 일, 시간에서 펼쳐지는 모든 내용도 하나님께 속합니다. 이렇게 하여 우리는 세 번째 기도 제목 앞에 서게 됩니다. 하나님께서 우리의 일을 맡아 주시고, 이 세상의 일을 감당하여 주소서! 하나님께서 지치지 않으시고 끝까지 인내하여 주시기를 바라며, 하나님께서 세상 마지막 날까지 다스리시고 계속해서 앞으로 나아가시기를 바랍니다! 하지만 우리가 이렇게 기도하는 동안에도 알아야 할 것이 있습니다. 그것은 하나님이 이제 막 행하시려고 하는 것, 곧 그분의 뜻의 성취가 지금 이미 일어나고 있다는 사실입니다. 우리는 예수 그리스도와 공동체로 연합된 가운데 주기도로 기도하는 사람들이며, 그래서 그분의 뜻이 이미 이루어졌다는 사실을 알고 있습니다.

하늘에서와 같이

내가 이 표현을 잘못 해석하게 될까봐 조심스럽습니다.

영원하신 하나님! 당신의 뜻, 당신의 계획은 이미 이루어졌습니다. 그것은 이미 이루어졌고, 미래에 이루어질 것이며, 시간

속에 펼쳐질 것입니다.

하지만 그 모든 것 이전에 그 뜻은 이미 하나님 자신의 곁에서 이루어졌습니다. 하나님이 계신 장소 가까운 곳에서 일어났고 또 일어나고 있는 일들이 지닌 비밀 속에서 말입니다. 바로 그러한 영원한 뜻이 창조 안에서, 세상이 시작된 이래로 하나님께서 통치하시는 세상 가운데서 이루어졌습니다. 모든 사건의 의미를 신실하게 표현하는 그분의 언약의 역사 안에서 이루어졌습니다. 예언자와 사도들이 이해했던 그 언약의 역사 안에서, 예수 그리스도 안에서 우리에게 증거되어진 그 언약의 역사 안에서 말입니다.

> 하나님 당신께서 알고 계신 그 뜻, 당신의 천사들이 보고 있는 그 뜻, "당신의 우편"에 있는 그 뜻이 이루어졌습니다. 우리는 그 뜻을 믿고 있지만 보고 있지는 못합니다. 하지만 당신의 뜻은 땅에서 이루어졌고, 쉼 없이 하늘에서 이루어지고 있습니다.

하나님의 뜻은 반드시 이루어져야 하는 그대로, 사태의 완전한 인식 속에서 이루어집니다. 그 뜻이 이루어질 때, 어떤 저항이나 방해도 있을 수 없습니다. 완전한 자유 속에서 오로지 은혜만이 지배하며, 피조물의 편에서는 그 은혜를 인정하는 응답만이 가능한 가운데 그 뜻은 이루어집니다. 하나님의 뜻은 예수 그리스도 안에서 그런 방식으로 이루어졌습니다. 하늘에서 그 뜻은 완전히 성취되었습니다. 우리는 예수 그리스도 안에서 그것을 믿고 그렇게 알게 됩니다. 하나님의 영이 그것을 우리에게 가르치시며 우리의 믿음을 강하게 해주십니다. 그분의 뜻은 그렇게 이루어졌으며 항상 이루어지고 있습니다.

땅에서도

우리가 하나님의 뜻이 하늘에서와 같이 **땅에서도** 이루어지기를 기도해야 하는 더 많은 이유가 있습니다. 우리는 그분의 뜻이 세상 안에서 완전히 실행되기를 기도해야 합니다. 우리가 아는 세상 안에서, 우리의 눈은 아직 덮개로 가려진 채로만 볼 수 있는 그 세상 안에서 말입니다. 하지만 우리는 하나님의 뜻이 땅에서 완전히 실행되는 것이 하늘에서 실행되는 것과 똑같은 모양으로 일어나기를 기도해야 합니다. "**하늘에서와 같이 땅에서도!**" in terra sicut in caelo 이것은 이런 의미를 지닙니다. "밝음-어둠"의 공존, 세계사와 교회사의 혼합, 거룩함과 어리석음, 지혜와 통속의 혼합, 곧 밝음과 어둠이 뒤섞여 있는 이런 혼란의 상태가—이것들은 우리의 실존의 매우 뚜렷한 특징입니다—제거

되기를 우리는 기도해야 합니다! 하나님의 뜻은 하늘에서 완전히 이루어졌습니다. 이제 우리 곁에서는 그 뜻이 일어나지 말아야 할 이유가 있겠습니까?

"밝음-어둠"의 이런 공존이 영원히 존속되지 않도록, 그래서 우리가 당신의 의도들을 잘못 이해하고 방해하는 일을 이제는 그치게 되기를 원합니다! 우리가 당신의 뜻을 거스르고, 언제나 또다시 복음을 변조하며, 그래서 복음으로부터 어떤 새로운 종류의 율법을 만들어 내는 일을 이제는 멈추게 되기를 원합니다! 우리가 악한 종으로 처신하는 일을 포기하게 되기를 원합니다! 휴머니즘화된 그리스도교 혹은 그리스도교화된 휴머니즘을 터전으로 삼아 활동하면서 항상 하나님의 진노를 다시 촉발하는 일에서 이제는 돌아서서 회개할 수 있도록, 당신의 인내를 우리에게 베풀어 주시기를 원합니다! 당신의 계획을 실행하실 때, 우리의 무한히 불완전한 순종으로부터 우리를 자유롭게 하여 주시기를 원합니다! 오셔서 우리에게 자유를 주시며, 언젠가는 지금 처해 있는 모든 모순으로부터 벗어날 수 있도록 해주소서! 우리는 당신의 뜻이 하늘에서 이루어진 것같이 그렇게 땅에서도 이루어졌음을 알게 될 것입니다!

우리는 다시 한 번 강조합니다. 여기서 중요한 것은 하나님의 일입니다. 하나님께서 우리의 일에 참여하신 것처럼, 우리도 하나님의 일에 참여합니다. 그분의 일이 우리에게 낯선 것일 수는 없습니다. 우리는 현재 안에 있으며, 시간 안에 위치하고 있습니다. 그러나 시간은 매우 짧습니다. 인생은 너무도 빨리 지나갑니다. 그렇기에 우리는 한 순간도 잃어버려서는 안 됩니다. 하지만 우리는 많은 시간을 잃어버리고 있습니다! 만약 우리 그리스도인들이 그렇게도 추상적이고 세속적이며 불완전한 가운데 만족하고 있다면, 조용히 안주하고 있으면 안 되는데도 그저 잠잠히 있기만 한다면, 사람들이 세상으로부터 무엇을 기대할 수 있겠습니까? 하나님께서 통치하십니다. 우리는 하나님과 더불어 우리도 통치할 수 있게 해달라고 간구합니다. 우리가 간구하는 것은 바로 그것입니다.

(2) 우리 자신을 위한 세 가지 간구

간단한 설명

주기도의 두 번째 큰 부분은 "**우리에게 주소서!**"라는 요청으로 시작하는데, 여기서 볼 수 있는 입장의 변화에 대해 먼저 말해야 할 것이 있습니다. 하나님의 영광을 위한 앞선 세 간구에서 우리는 기도하는 자로서 말하자면 하늘 아버지와 대화하는 입장을 취했습니다. 우리의 기도는 일종의 탄식하는 소리와 같았습니다. 우리 자신은 우리의 그런 간구와 관계된 것 곧 하나님의 이름, 하나님 나라, 하나님의 뜻과 같은 대상의 거대한 크기에 눌려 당황했습니다. "아버지의 이름이, 아버지의 나라가, 아버지의 뜻이……"라고 말할 때, 우리는 일정한 거리를 두고, 말하자면 간접적인 방식으로 탄식하며 기도합니다. 이제 우리는 우리 자신을 위한 뒤편의 세 간구와 함께 간구의 본래적 의미로 건너갑니다. 하지만 이 현실적인 태도의 변화는, 우리가 곧 알게 되겠지만, 여전히 하나님의 영광을 위한 앞선 세 간구의 의미 안에 머물러 있습니다.

주목해야 할 두 가지 사실

1) 주기도에서 이제는 "**우리**"라는 단어가 분명히 표현되고 들립니다. 우리 자신을 위해 세 번 간구하는 구절들에서 "우리의" 혹은 "우리가"라는 표현이 여덟 번 나옵니다. 주기도에서 "우리"는 "나를 따르라!"는 예수 그리스도의 초대와 명령을 통해 처음으로 생겨났다는 사실을 우리는 기억합니다. "우리"는 예수 그리스도와 함께 기도하기를 원하는 사람들입니다.

"우리"와 관련하여 네 가지 요점이 중요합니다.

첫째, "우리"는 예수 그리스도 곧 하나님의 아들과 함께 모인 사람들의 형제 공동체입니다. 그분은 거기 모인 사람들에게 그분 자신과 결속할 것, 하나님께 드리는 그분의 중보기도에 동참할 것, 그분 자신과 함께 기도할 것을 허락하고 명령하십니다.

둘째, 예수 그리스도와 하나가 되어 형제 공동체를 이룬 "우리"는 즉각적으로 그분의 동일한 허락과 명령을 통해 인류 전체를 하나로 결합시킵니다. 그 형제 공동체는 폐쇄되어 있지 않습니다. 오히려 자신들이 대변하는 세상을 위해 봉사해야 한다는 의미에서 개방적입니다. 여기서 "세상"이라는 단어는 아직까지 주님의 초청을 듣지 못하고 받아들이지도 않은 사람들을 뜻합니다.

셋째, 우리 자신을 위한 세 간구에서 "우리"는 서로 결합되어 하나가 된 공동체의 우리입니다. 그 공동체는 연대감 안에서 생각하고 행동하며, 깊은 경험으로부터 인간적 상황의 비참함에 대해 알고 있습니다. 스스로 의식하고 있는 곤경의 한가운데에 있으면서도 그 공동체는 죽은 자 가운데 부활하신 예수 그리스도와 이루는 공동체 속에서, 그리고 그 공동체성을 함께 형성하는 사람들의 일치된 의견 속에서 하나님께로 향하는 자유를 가집니다. 그 공동체는 자유롭게 하늘에 계신 우리 아버지에게로 향하며, 높으신 창조주, 주님, 구원자에게로 향합니다. 그리고 궁극적이고 완전한 해방을 그분께 요청합니다. 가장 높으신 주님께서 공동체를 이루고 있는 그들에게 그런 해방을 허락하실 수 있고 또 그것을 원하고 계신다는 사실을 그들은 알고 있기 때문입니다.

넷째, "우리"는 십자가에 못 박히신 예수 그리스도와 결합되어 있고, 하나님 가족의 구성원으로서 그분과 함께 기도할 수 있는 자유를 가지고 있습니다. 그렇기에 "우리"는 자신의 고통이 무엇이고 세상의 고통이 무엇인지를 알고 있는 유일한 사람들입니다. 인간 현존재의 깊은 곳에 놓인 악과 치유될 수 없는 슬픔이 무엇인지, 하나님의 선한 피조물의 타락과 부패가 무엇인지 알고 있는 유일한 사람들입니다. 이들은 인간 스스로의 결심이나 노력으로 이런 상황으로부터 벗어나는 것이 불가능하다는 것을 잘 알고 있습니다. 이들은 오로지 하나님 자신만을 신뢰하고, 자신을 하나님께 맡겨야 하는 무조건적 필연성을 잘 알고 있습니다. 짧게 말해, 이들은 하나님의 자유로운 은혜 안에 사는 것 외에 다르게 사는 것은 불가능하다는 사실을 잘 알고 있습니다.

여기서 반드시 기억해야 할 것이 있습니다. "**우리**"는 조용한 목소리로 하나님의 영광과 하나님 자신의 일에 관련된 처음 세 간구에 이미 참여했던 사람들입니다. 바로 그 동일한 "우리"

가 뒤따라오는 세 간구에서 이제 정말로 우리 자신의 일을 향해 앞으로 나아갑니다.

2) 우리 자신을 위한 세 간구에서 기도는 이제 뚜렷하고 직접적인 명령의 형태가 됩니다(명령형 곧 명령법으로 나타납니다). 앞의 세 간구는 "아버지의 이름이……아버지의 나라가……아버지의 뜻이……"라고 말해졌습니다. 이제 뒤따르는 세 간구는 이렇게 말합니다. "오늘 우리에게 주소서.……우리를 용서하여 주소서.……우리를 죄에 빠지지 않게 하소서.……우리를 구하소서.……" 이런 명령조의 표현에 담긴 대담함에 주목하십시오. 나는 이 요청이 거의 무례할 정도라고 말하고 싶습니다! 여기서 인간은 하나님께 감히 압력을 가하려고 시도합니다. 하나님께서 우리의 일 곧 인간의 일을 다루어야 한다고 말입니다. 그래서 인간은 명령조의 어법을 사용합니다. 어떻게 이런 일이 있을 수 있습니까? 대답은 이렇습니다. 처음 세 간구에서 우리는 하나님의 일에 관여하도록 허락받은, 아니 명령받은 유일한 자들입니다. 다시 말해, 우리는 하나님의 이름을 거룩하게 하심과 그분의 나라가 오는 것과 그분의 뜻이 성취되는 일에 참여하도록 허락받고 명령받았습니다. 그런 일이 정말로 우리에게 관계됩니까? 예, 확실히 그렇습니다. 하나님의 일에 관여하는 것은

우리의 일이며, 우리는 그 일에 종사하도록 허락되었습니다. 하나님은 우리를 협력자 곧 동역자(이것은 성서적 표현입니다)로 받아들이셨습니다. 하나님은 그분 자신의 일을 우리의 일로 만드셨습니다. 앞의 세 간구의 이와 같은 결과로 이제 이어지는 세 간구에서 우리가 하나님께 호소하는 것은 자연스러운 일이 됩니다. 그래서 우리는 이렇게 말합니다.

> 우리 아버지여, 우리가 여기 있습니다. 당신께서 바라보시는 모습 그대로, 우리의 모습 그대로 여기 있습니다. 우리는 아마도 당신께서 우리를 만나려고 하시는 그 상태에 있습니다. 앞서서 먼저 당신의 일에 매달렸던 우리가 여기 있습니다. 당신의 이름이 거룩하게 되기를 불타는 마음으로 간절히 원했던—이것에는 우리 기도의 진정성이 전제됩니다—우리가 여기에 있습니다. 우리에게 더 이상의 다른 과제는 없습니다. 다른 과제는 우리의 염려일 뿐입니다. 우리가 우리 스스로를 도울 수 있다는 생각이 떠올라서는 안 됩니다. 그런 종류의 시도에 매달리는 것은 전부 불신, 불법, 불순종일 따름입니다. 그래서 우리는 우리의 실존을 당신께, 곧 기도하고 당신의 일을 위해 살라고 초대하고 명령하신 당신께 맡깁니다. 여기 우리가 있습니다. 이제는 당신께서 우리의 인간적 일에 관여하실 차례입니다.

이런 맥락에서 우리 자신을 위한 세 간구라는 대담한 요청이 말해집니다. 이 세 간구는 이와 같이 연결되는 움직임을 표현하고 있습니다. 우리의 현존을 위해 외적 그리고 내적으로 필요한 것을 하나님께 달라고 간구할 때에, 우리는 그분의 영광을 위해 봉사하라는 그분의 요청을 우리의 준거점으로 삼습니다.

하나님의 영광을 구하는 앞부분의 세 간구에서 예수 그리스도께서는 우리가 하나님의 일을 위한 그분 자신의 투쟁에 동참하기를 원하십니다. 동시에 그분은 그분이 거두신 세상에 대한 승리에 참여하라고 우리를 초대하십니다. 앞의 세 간구에서 표현되는 우리의 탄식의 실현을 방해할 수 있는 모든 것에 대해 그분은 이미 승리를 거두셨습니다. 그분은 우리가 그 승리에 참여하기를 원하십니다. 예수 그리스도는 승리하셨고, 이제 그분 자신의 승리에 우리가 참여하도록 초대하시는 것입니다. "아! 어쨌든 아버지의 이름이……아버지의 나라가……아버지의 뜻이……"라는 한숨을 내뱉는 자유를 가지려면, 우리는 예수 그리스도께서 우리에게 보내신 초대를 이용해야 합니다. 그것이 바로 내가 "우리에게 주시고…… 우리를 용서하시고"라고 외치는 대담한 용기의 바르고도 선한 근거입니다. 그것이 우리가 바로 이런 방식으로 하나님께 가까이 나아가기를 감히 시도할 수 있는 근거입니다. 이 외침은 놀라운 것이며, 이런 사실을 우리는 인정해야 할 것입니다. 이 외침은 오직 하나님의 자녀들, 곧 예수 그리스도의 형제자매들의 봉사 의무로부터 나오는 위대한 자유 안에서만 일어날 수 있습니다.

이것이 내가 주기도의 앞부분과 뒷부분 사이의 "입장 변화"라고 말했던 것의 두 가지 본질적 관점입니다. 이 변화는 다름 아니라 결국 주기도의 앞부분을 주도하던 자유의 결과입니다.

—

이제 뒷부분의 세 간구에 대한 설명으로 넘어갑니다. 하지만 우리는 지금 우리가 개별적으로 전개하는 모든 내용이 단지 하나의 시도에 불과하다는 점을 잊지 말아야 합니다. 우리는 앞에서 진행했던 것과 동일한 순서를 따르려고 합니다. 먼저 개념들을 설명하고, 그다음에 하나님께서 이 간구를 들으시는, 그리고 이미 들으셨던 방법과 특성을 설명합니다. 마지막으로 우리는 그 간구 자체를 주의 깊게 관찰할 것입니다.

우리는 종교개혁자들인 루터와 칼뱅이 그치지 않고 다음과 같이 강조했다는 사실을 한 번 더 기억해야 합니다. "하나님께서는 이미 우리의 간구를 들으셨습니다." 그렇기에 우리는 기도해야 할 **자유**를 가집니다. 그렇기에 우리는 기도하라는 **계명**도 받습니다. 우리는 주기도의 간구를 이와 다르게 이해할 수 없습니다.

오늘 우리에게 일용할 양식을 주시고

우리의 빵

"우리의 빵"(우리말로 보통 '양식'으로 번역되지만 독일어역에 따라 '빵'으로 번역한다—옮긴이)에 몇몇 종교개혁자들은 우리가 생존을 위해 필요로 하는 모든 것을 포함시켰습니다. 우리도 그렇게 하려고 합니다.

루터의 『소교리문답』을 아는 사람은 "빵"이라는 의미를 설명하고 있는 그 유명한 목록을 기억할 것입니다. 음식, 음료, 의류, 신발, 집, 앞뜰, 농지, 가축, 돈, 상품, 경건한 남편, 경건한 자녀, 경건한 하인, 경건하고 신실한 주인, 선한 정부, 좋은 날씨(너무 덥지도 너무 춥지도 않은 날씨!), 건강, 명예, 좋은 친구, 신실한 이웃이 그 목록에서 열거됩니다. 이것들은 결코 적지 않습니다! 사람들은 이 목록에서 16세기 독일 농부의 시민적 삶에 필수적인 요건들과 삶의 조건들을 발견합니다. 이제 우리가 이 목록을 우리 시대와 우리의 특별한 상황에 맞게 해석하여 완성시키려고 할 때, 그 일을 가로막는 것은 아마도 없을 것입니다. "일용할 빵"을 넓은 의미에서 생각하는 것은 틀림없이 허용되어 있습니다. 그럼에도 불구하고 나는 다음과 같은 점을 강조하려고 합니다. 우리는 "빵"이라는 단어가 원래 가지고 있는 매우 단순한 의미를 시야에서 놓치지 말아야 합니다. 성서적 언어에서 **빵**은 두 가지 의미를 가지고 있습니다.

1) "빵"은 살기 위해 절대적으로 대체될 수 없는 것이고, 가난한 사람에게도 없어서는 안 되는 최소한의 양식이며, 거지와 노숙자에게는 생존의 최소치입니다. "빵"은 "굶주림"이라는 개념과 즉각 대립됩니다. 그렇기에 하나님께 빵을 달라고 간구하는 것은 굶주림과 죽음이 위협하는 심연의 언저리에서 우리를 붙드시고 보존하시는 하나님의 자유로운 은혜로 피난하는 것입니다. **오늘** 살 수 있도록 허락된 이 최소한의 양식을 우리는 **내일**도 가질 수 있을까요? 그것은 생명이 걸린 문제입니다. 지금 우리는 그 빵으로 살아갑니다. 그러나 내일은 어떻게 될까요? 아무도 모릅니다. 하나님께서 우리에게 필요한 빵을 주지 않으시고 빵과 함께 생명도 주지 않으신다면, 아무것도 보장될 수 없습니다. 하나님의 자녀들은 우리의 현존재와 인간의 보편적 정황에 내포된 이런 불확실성을 잘 알고 있습니다. 부유하든 가난하든 하나님의 자녀들은 우리가 광야를 방랑하는 백성인 것을 잘 압니다. 우리는 방랑하는 이스라엘 백성으로서 이미 하나님의 일에 관여되어 있습니다. 그래서 우리는 하나님께 굶주림과 죽음으로부터 우리를 구해 주시라고 감히 간구합니다. 우리는 이와 같이 전적으로 원초적인 형태의 빵을 두고 하나님께 간구

합니다. 우리가 그 빵을 내일도 얻게 될 것인지가 자명하지 않기 때문입니다.

2) 신구약성서에서 "빵"이라는 단어는 하나님의 영원한 은혜의 시간적 표지Zeichen(본질을 표시하는 부속물—옮긴이)이기도 합니다. 이 단어는 성서에서 한편으로는 매우 단순하고 자연적이고 물질적인 의미를 가지면서도, 동시에 우리가 생각하는 것보다 더 깊고 숭고한 의미도 지닙니다. 여기서 자연적인 것과 숭고한 것은 내적으로 결합되어 있습니다. 그것들은 광야를 방랑하는 백성에게 주어지는 하나님의 표지이며, 가난한 자들, 패배한 자들, 굶주리고 목마른 자들, 죽음의 심연에 내몰린 자들에게 주어지는 하나님의 표지입니다. 이런 의미에 근거해서 생각한다면 빵은 거룩해진 어떤 것입니다. 빵은 약속이지만 단순히 약속에 그치는 것이 아니라, 가장 중요한 영원한 생명의 양식의 비밀로 가득 찬 현재이기도 합니다. 영원한 양식은 한 번 먹고 나면 다시 또 먹을 필요가 없습니다. 성서에 따르면 매 끼니의 식사는—단출하든지 혹은 축제를 벌인 것 같든지 관계없이—거룩해진 일입니다. 왜냐하면 그것은 축제의 식사, 곧 기쁨에 찬 영원한 잔치의 약속이기 때문입니다. 성서에서 육체적·시간적 생명이 거룩한 것은 그것이 불멸하는 영원한 생명의 약속이기

때문입니다.

우리가 살펴본 것과 같이 "빵"이라는 단어는 "굶주림"이라는 단어와 대조를 이룹니다. 그런데 대립하는 이 상황은 새로운 세대Äon, 곧 다가오고 있는 세계에서 우리가 알게 될 저편의 삶의 충만함에서도 그렇습니다. 우리가 먹고 있는 현실적인 빵은 (영원한 빵의) 보증이며 표지입니다. 동시에 그것은 표지로서 (영원하고 충만한 생명의) 현재입니다. 그것이 바로 여기서 "우리의 빵"이라고 부르는 것입니다. 따라서 "우리의 빵을 우리에게 주소서"라는 것은 "현재의 삶을 위해 꼭 필요한 최소한도의 것을 주소서"를 의미하지만, 그와 동시에 "그 최소한도의 것을 표지로, 우리의 생명에 대한 선취적 보증으로 주소서"를 의미합니다.

> 당신의 약속에 따라 지금 시간 안에서 그 빵을 받는 순간, 우리는 동시에 또한 당신의 영원한 좋은 선물의 현재를 받으며, 우리가 당신과 함께 영원히 살게 되리라는 확실한 약속을 받습니다.

매일

"매일의"("일용할"보다는 "매일의"라는 번역이 원문의 의미에 가깝다—옮긴이)라는 표현을 두고 큰 논란이 일어났습니다. 이 단어는 각종 수수께끼와 난제들을 불러일으킵니다. 하지만 그 문제들을 여기서 다루지는 않겠습니다. "에피우시우스"epioúsios, 매일는 "매일매일", "다가오는 모든 날에"를 의미합니다. 오늘 우리에게 매일 필요한 빵을 주소서. 내일도 우리는 그 빵을 필요로 하게 될 것입니다! 우리는 현재 살아 있습니다. 하지만 우리가 다가오는 일 분 뒤에 반드시 살아 있겠습니까? 내일 틀림없이 살아 있겠습니까? 그때까지 우리가 굶주림과 죽음을 온전하게 모면할 수 있습니까? 이것은 우리를 우리의 불확실한 정황과 대면시키는 구체적인 물음입니다. 우리는 마태복음 6장에서 예수께서 우리에게 우리의 생명을 위해 무엇을 마실까 무엇을 먹을까 염려하지 말라고 하신 권유를 기억합니다. 칼뱅이 이 구절에 대한 주석에서 내일을 위한 양식을 확보하기 위해 우리는 열심히 일해야 한다고 덧붙여 언급했던 것은 확실히 옳은 주장입니다.

그러나 "우리가 내일 반드시 살아 있겠습니까?"라는 질문에 대해서는 걱정스런 불안도 열심 있는 노동도 대답을 줄 수 없습니다. 오로지 기도가 불안을 대신하게 하고, 기도가 내일을 위한 노동의 토대가 되게 해야 합니다! 하나님의 자녀들은 노동하는 것을 불안해하지 않습니다. 하나님의 자녀들은 기도하기 때문에 또한 노동합니다.

그러나 여기서 "빵"이라는 단어의 다른 한 가지 의미를 고

려해야 하지 않겠습니까? 시간 안에서의 내일에 대한 불안은 영원한 내일에 대한 불안을 미리 앞서 묘사합니다. 하지만 이와 같은 불안은 인간 운명의 불안과 비교될 수 없습니다. 「레퀴엠」에 나오는 말처럼 "가련한 이 몸이 무슨 말을 하겠습니까?" 하지만 이런 두려움은 변화될 수 있고 기도가 될 수 있습니다! 하나님의 자녀들도 인간 삶의 불확실성을 알고 있으며, 시간과 영원 안에서 우리에게 두려움의 대상이 되는 모든 것을 알고 있습니다. 하지만 하나님의 자녀들은 오늘—맞습니다, 확실히 오늘!—빵을 통해, 그리고 빵의 이 세상적 형태 속에서 영원한 빵에 대한 보증 얻기를 희망합니다. 그 빵은 하나님의 자녀들의 영원한 양식이 될 것이며, 저 종말론적인 다른 내일에 먹게 될 빵입니다. 하나님의 자녀들은 바로 그 영원한 빵의 첫 열매로서 오늘의 "빵" 얻기를 희망합니다.

—

이제 빵이라는 단어의 의미를 다시 한 번 생각해 보겠습니다. 우리가 하나님께 "땅의 빵과 하늘의 빵을, 물질적인 빵과 영적인 빵을 주소서!"라고 간구한다면, 이것은 다음과 같은 사실을 전제하고 있습니다. 우리는 하나님이 그분의 영원한 신적 속성 안에서 "주시는 분"이심을 알고 있다는 것입니다. 우리는 이미 이렇게 말했습니다. 사태의 본질을 알고 계시는 하나님께 간구하려면, 우리는 하나님께서 우리의 간구를 반드시 들어주신다는 확신을 가지고 간구해야 합니다. 이 확신 없이 그저 한 번쯤 모험하듯이 기도하는 것은 기도라고 할 수 없습니다. 따라서 우리의 기도는 다음과 같은 선이해와 함께 시작해야 합니다.

하나님, 당신은 우리에게 내일을 위한 빵을 주십니다. 분명히 당신은 그 빵을 오늘 우리에게 주십니다. 하나님, 당신은 우리의 신실한 창조주이십니다. 당신은 한 순간도, 단 일 분도 창조주이기를 그치신 적이 없습니다. 우리는 광야를 방랑하는 백성입니다. 하지만 우리는 창조와 모든 피조물의 찬란한 풍요로움으로 둘러싸여 있음을 발견합니다. 하나님 당신께서 당신과 우리 사이에 세우기를 원하셨던 은혜의 언약이 우리를 둘러싸고 있음을 발견합니다. 당신은 우리의 죽음을 원치 않으시고, 우리가 살기를 원하십니다.

하나님, 당신 편에서 당신께 관여되는 것에는 부족한 것이 전혀 없을 것입니다. 우리를 위한 빵이 차고 넘치고, 이 간구를 통해 우리와 결합할 수 있었던 모든 사람을 위한 빵이 차고 넘치며, 그래서 모든 각각의 사람을 위한 빵이 차고 넘칩니다. 어느 누구도 굶주림이나 죽음이 인간을 엄습하는 위험에 처해 있어서는 안 됩니다. 하나님, 당신의 영광에 봉사하도록 당신이 부르기를 원하셨던 모든 사람을 당신은 언제라도 보존할 준비가 되어 있습니다. 당신이 우리에게 주시는 모든 것은 분명 영원한 생명의 양식에 대한 보증이며, 우리가 영원히 살아 있게 될 저 충만한 세계에 대한 보증입니다. 우리는 그 사실을 알고 있습니다. 왜냐하면 당신은 하늘에 계신 아버지이시며, 예수 그리스도 안에서 우리의 아버지이시기 때문입니다. 우리는 예수 그리스도와 함께 살고 있습니다. 그분은 자신을 뒤따르라고, 자신과 동행하라고 우리를 부르시는 분입니다. 지금은 잠시 그분과 멀어져 있지만, 그럼에도 불구하고 우리는 그분과 동행하고 있습니다. 하나님 당신은 "**그분의**" 아버지이기 때문에, 또한 "**우리의**" 아버지이기도 합니다. 그렇기에 우리는 당신께서 우리에게 잔치의 식탁을 마련해 주셨다는 것을 알고 있습니다. 완전한, 그리고 시간 안에 있지만 또한 영원한 잔치 말입니다. 우리는 그 잔치의 식탁으로 우리를 초대하는 당신의 음성을 듣습니다.

우리를 부르시는 그 음성을 우리는 들어야 합니다. 우리는 그 음성을 잊을 수 없습니다. "오라! 모든 것이 준비되었노라!" 이 음성이 우리를 기도하도록 자극하며, 우리에게 자유를 주어 "오늘 우리에게 매일 필요한 빵을 주소서!"라고 하나님께 말할 수 있게 합니다.

우리는 또한 이렇게 기도해야 합니다.

당신이 우리에게 주시는 일이 헛된 일로 끝나지 않게 하소서! 당신이 성만찬의 식탁 위에 마련하신 이 빵을 우리가 진정으로 받아들일 수 있게 하소서! 당신이 우리를 위해 창조하셨고 우리에게 선사하시는 이 빵을 이제 당신의 손으로부터 받게 하소서! 우리를 도우시고, 우리의 눈을 밝혀 주소서! 당신이 우리에게 파악할 수 없고 비교할 수 없는 선물, 곧 당신의 인내의 결실이며 우리의 희망인 그 선물을 주시는 순간에, 우리가 배부른 돼지들처럼, 혹은 식탐하는 사람처럼 행동하지 않게 하소서! 그 선물을 우리가 낭비하거나 망가뜨리지 않게 하소서! 모든 사람이 싸우고 다투는 일 없이 각자의 빵을 얻을 수 있게 하소서! 누군가가 빵을 넘치도록 풍족히 가지고 있다면, 그를 깨닫게 하시어 그가 그 사실 자체를 통해 당신의 은혜를 섬기는 일꾼과 관리자로 세워졌음을 알게 하시며, 그가 당신의 종이 되고 또한 다른 사람을 섬기는 자로서 존재하게 하소서! 특별히 굶주림, 죽음, 불확실한 인간적 상황의 위협을 받는 사람들이 있습니다. 이 사람들이 열린 눈과 열린 귀를 가진 형제자매들을 만나게 하시며, 그들을 돌보아야 할 의무를 느끼는 형제 자매들을 만나게 하소서! 감사를 모르며 불의를 행하는 우리 사회는 얼마나 큰 수치입니까! 당신의 은혜로 둘러싸여 부유함으로 가득 찬 작금의 인류 사회 안에 아직도 굶어죽는 사람이 있다는 사실은 얼마나 어리석고 부조리한 상황입니까!

하나님, 우리가 필요한 양식을 얻을 수 있게 하소서! 당신이 주시는 양식을 우리는 표지로, 약속으로 받게 하소서! 우리가 이 표지로 기뻐하고 당신께 영광을 돌릴 때(내 영혼아, 주님을 찬양하며 주의 은택을 잊지 말지라!), 당신이 우리에게 약속해 주신 것들이 오늘 이미 현재하고 있습니다. 우리는 그것을 미리 앞서 기뻐하며, 당신이 영원부터 영원까지 주관자가 되실 저 영원한 잔치 식탁의 자리에 오늘 우리가 벌써 참여하는 것을 기뻐합니다!

우리는 아직 더 기도해야 할 것이 있음을 압니다! 그렇습니다. 이제 문제가 되는 것은 우리의 일입니다. 우리는 모든 것을 하나님께 의지하고 있습니다. 하나님이 우리의 일을 그분의 일로 삼아 주셔야, 우리의 일은 지원을 받아 승리할 수 있습니다. 그곳에서 우리는 하나님이 반드시 들어주신다는 확신과 함께 자유 안에서 두려움 없이 하나님을 부를 수 있습니다. 우리가 하나님께 간구하는 것을 하나님은 항상 행하여 주셨으며, 앞으로도 항상 그렇게 해주실 것입니다.

우리의 죄를 용서하소서!

우리의 죄

"우리의 죄"라는 표현은 글자 그대로는 "**우리의 잘못**", "**우리의 죄책**"을 의미합니다. 이것은 하나님께 대한 관계에서 우리가 잘못한 것을 뜻하며, 그 책임은 우리에게 있습니다. 우리는 하나님께 죄책을 지고 있습니다. 만약 그 죄책의 빚을 갚을 수 없다면, 우리는 그 빚을 진 상태로 남아 있게 됩니다. 만약 어떤 사람이 자기 책임의 채무를 해소하지 못하면, 그는 죄책의 빚 안에 있게 됩니다. 법적으로는 의로울 수도 있지만, 그럼에도 불구하고 그는 죄책의 빚 안에 있습니다. 그렇다면 우리가 잘못을 저질러 불신을 안겨드린 그분을 모욕하는 결과에 이르게 됩니다.

우리는 하나님께 죄책의 빚을 진 자들입니다. 우리가 그분께 빚진 것은 많거나 적은 어떤 것 혹은 이런저런 것이 아닙니다. 우리가 빚진 것은 매우 단순히 말해 우리의 총체적 인격 곧 우리 자신입니다. 다시 말해, 그분의 선하심이 보존하고 양육하고 있는 피조물로서의 우리 자신입니다. 그분의 말씀이 부르신 그분의 자녀들인 우리, 그분을 영화롭게 하는 일에 봉사하도록 허락받은 우리, 인간 예수 그리스도의 형제들인 우리, 바로 그런 우리가 일을 그르쳐서 하나님께 죄책의 빚을 진 자들이 되었습니다. 우리의 존재와 행위는 우리에게 본래 주어진 본성과 결코 일치하지 않습니다. 우리는 그분의 자녀들이지만, 그분을 인정할 줄 모릅니다. 칼뱅은 이렇게 말합니다. "우리가 자기 빚을 갚지 못하는 빚진 자들처럼 하나님을 모욕하고 있다는 사실을 고백하지 않으려는 사람은 그리스도교 신앙과 관계없는 자들입니다." 루터도 이렇게 말합니다. "모든 사람은 하나님 앞에서 자신의 허영심을 벗어 버리도록 요청받습니다." 따라서 그리스도교 신앙 안에서 우리는 이런 사태를 인정하지 않을 수 없습니다. 하지만 우리에게 이런 상황을 바꿀 수 있는 능력은 없습니다. 한편으로 우리는 그분의 초대를 받아들이고 이런 일을 하면서 순종하려고 애쓰는 동안에, 다른 한편으로 기도하면서 거기에 우리 자신의 생각, 목적, 도덕, 종교를 혼합시킵니다. 이와 같이 우리는 그분을 위해 일할 가치가 없는 존재이고, 우리가 우리 자신을 돌아보는 한 그분의 눈앞에 희망 없이 설 수밖에 없는 존재입니다. 우리는 이런 사실을 항상 새롭게 인정할 수밖에 없는 처지에 있음을 깨닫습니다.

그리스도인으로서 살아가는 동안에도 우리는 계속해서 우

리의 죄책을 증가시키고, 상황의 혼란을 가중시키고 있습니다. 나날이 이런 상황은 고조됩니다. 제 생각으로는 사람이 늙어갈수록 우리 편에는 아무런 희망도 없다는 결산표를 더욱 확실히 확인하게 됩니다. 사태는 점점 더 나빠집니다. 여기서 우리는 다시 한 번 주기도의 시작점으로 되돌아가서 이런 질문과 마주하게 됩니다. 하나님께 가까이 나아가는 담대함을 우리는 도대체 어떻게 가질 수 있습니까? 하나님의 일에 대한 우리의 열심 속에서 우리 자신의 욕구들을 그 위에 펼쳐놓은 다음에 자신이 하나님의 동역자라고 주장하는 우리는 도대체 어떤 존재입니까? 그러면서 우리는 하나님께 이렇게 말합니다. "하나님, 나의 일을, 우리의 일을 처리해 주소서! 우리에게 우리가 원하는 것을 주소서! 당신을 욕되게 하고 있는 바로 우리에게!"라고 말입니다. 모든 것이 다시 한 번 의문에 휩싸이는 것처럼 보입니다.

용서하소서!

"용서한다"는 것은 무엇을 뜻합니까? 순수하고 이상적인 경우에, 그것은 우리에게 잘못한 사람을 마치 우리에게 아무런 잘못을 행하지 않은 것처럼 여긴다는 것을 의미합니다. 그에게 그의 잘못을 탓하지 않으며, 그가 받아 마땅한 냉혹한 처벌로 그를 질책하지 않는 것입니다. 오히려 반대로 백지 상태에서 그와 다시 시작하는 것입니다. 용서는 그에게 새로운 기회를 주는 것입니다. 우리를 용서하소서! 이 간구는 우리 편에서 제기할 수 있는 모든 종류의 권리주장을 배제합니다. 이 간구는 하나님 앞에서 모든 권리를 가장 작은 권리에 이르기까지 배제합니다. 그것이 무엇이든 어떤 것을 주장할 수 있는 권리 말입니다. 인간이 행한 잘못도, 잘못을 행하는 자인 인간 자신도 용서할 만한 대상이 아닙니다. 인간은 도무지 봐줄 수가 없는 존재입니다. 인간은 자신의 죄책에 대해 면책을 요구할 권리가 없습니다. 잘못을 저지른 사람들을 다시 하나님의 자녀의 자리로 옮겨놓을 수 있는 법적 권리는 오로지 우리가 잘못을 저질렀던 그분에게만 속합니다. 그 권리는 오로지 채권자에게, 지배자에게 속한 법적 권리입니다. 우리가 마땅히 섬겨야 하지만 섬기지 않았고, 항상 그렇게 하지 않음으로 속이려 들었던 왕의 권리입니다. 그 권리는 오로지 하나님의 자유로운 긍휼의 권리로서만 존재할 수 있습니다. 그래서 우리는 하나님께 간구합니다. 하나님께서 하나님의 은혜 안에 있는 그 권리를 우리를 향해 행사하여 주시기를 간구합니다. 우리는 우리 자신을 하나님의 처분에 믿고 맡길 수 있습니다. 하지만 우리가 우리 편에서 모든 권리를 완전히 포기하지 않는다면, 우리는 마땅히 행하여야 할 용서의 기도를 어떻게 할 수 있을지 알지 못할 것입니다.

우리가 우리에게 잘못한 사람을 용서하여 준 것같이

이것은 하나님의 용서를 얻기 위해 우리가 만족시켜야 하는 일종의 전제조건일까요? 아닙니다. 이것은 하나님의 용서를 이해하려고 할 때 요청되는 필수적이고 결정적인 표지이자 척도입니다. 자신이 하나님의 자비의 손길에 내맡겨져 있음을 아는 사람, 하나님의 용서 없이는 생존할 수 없다는 것을 아는 사람, 삶으로 그런 체험을 해본 사람은 자신에게 잘못을 저지른 다른 사람을 용서하지 않을 수 없기 때문입니다. 우리 모두는 서로에게 잘못하고 서로에게 죄책의 빚을 진 사람들입니다. 우리는 날마다 그런 존재로서 살아갑니다. 하지만 우리에게 잘못한 사람들의 죄책이 우리 자신에게 매우 크게 보인다고 해도, 하나님께 빚진 우리의 죄책과 비교하면 그것은 언제나 한없이 가볍습니다. 우리는 이처럼 큰 죄책을 진 사람들입니다. 만약 우리에게 잘못한 사람들을 용서하는 작은 일을 행하려고 하지 않는다면, 어떻게 우리는 하나님께서 우리를 용서해 주시기를 바랄 수 있겠습니까? 사람이 자기 자신에 대해 희망을 가질 때, 그것은 다른 사람을 향한 마음, 감정, 판단도 필연적으로 개방시킵니다. 용서할 수 있다는 것은 인간의 공로일 수 없습니다. 그것은 도덕적인 노력이 아니며, 정신적인 덕목도 아닙니다. 오히려 용서하는 사람은 기쁨에 차서 용서할 한 사람을 찾아다니며, 영원한 미소를 띠고 그를 용서합니다.

용서하는 것은 아름다운 일이며, 인간의 본성에 속한다고 할 수 있는 필연성입니다. 우리는 우리에게 잘못을 저지른 가련한 피조물들을 하나님의 용서의 관점에서 바라봅니다. 그리고 그 잘못이 비록 심각한 경우라고 해도 우리는 그다지 심각하지 않다고 생각합니다. 우리는 우리에게 가해진 잘못들을 크게 부풀려서는 안 되며, 그것에 넋 놓고 빠져들어서도 안 됩니다. 우리에게 잘못한 사람들에게 얼마간의 유머를 선사합시다. 그들을 위해서 용서와 자유라는 작은 움직임을 보여주도록 합시다. 물론 이런 행위에서 훌륭한 그리스도교 기사가 갖추고 있는 도덕적 무장의 일부를 즉각 감상하려고 해서는 안 됩니다. 투구나 검이 우리에게 자부심을 준다거나 우리를 강하게 해주는 것은 아닙니다. 그런 것은 당연히 그래야만 하는 것입니다. 그들에게 유머를 보일 수 있는 아주 작은 자유를 갖고 있지 않은 사람은 하나님의 용서에 다가서지 못할 것입니다. 그런 사람에 대해서는 이렇게 말할 수밖에 없습니다. "그는 기도한다는 것을 이해하지 못하고 있으며, 따라서 아무것도 받을 수 없습니다." 여기서 우리는 "마음을 열어라! 용서하라!"라는 식의 도덕적 훈계 앞에 서 있는 것이 아닙니다. 오히려 우리는 다음과 같은 단순한 확언 앞에 서 있습니다. "하나님의 용서를 받아들였다면, 그 용서는 용서할 수 있게 만든다!" 하나님의 용서는 하나님의 영역에서 일어나는 사건입니다. 인간의 영역에서 일어나는 사건과 비교될 수 없습니다. 그러나 그것은 인간의 영역에서 잘못을 용서하는 작은 일을 틀림없이 실현되게 할 것입니다. 나 자신이 이웃에게 베풀지 않을 때, 어떻게 나는 그것이 내게 베풀어질 것이라고 기대할 수 있겠습니까?

나는 작은 한 조각의 용서를 베풀어야 할 의무로부터 벗어날 수 없습니다. 물론 작은 용서를 행한다고 해서 내가 하나님의 용서를 받을 자격을 갖추는 것은 아닙니다. 그것은 단순히 나의 희망과 기도가 타당하다는 것을 나타낼 뿐입니다.

우리는 하나님의 용서가 무엇인지 잘 이해해야 합니다. 하나님의 용서는 어떤 불확실한 희망의 대상이 아니며, 사람들이 추구하거나 상상하는 이상理想이 아닙니다. 그것은 사실입니다. 내가 구하기도 전에, 하나님께서는 용서를 확증하셨습니다. 그것을 모르는 사람은 헛된 기도를 하고 있는 것입니다. 용서는 이미 선물로 주어져 **있습니다**. 이것이 우리가 기반으로 삼아 살아가고 있는 현실입니다.

"하늘에 계신 우리 아버지……." 그렇습니다. 당신은 우리의 잘못을 용서하셨습니다. "나를 용서하소서!"라고 말하기 전에 당신은 이미 당신의 자비의 법과 자비로운 정의를 세우고 알리셨습니다. 당신의 법은 우리의 죄책을 눈여겨 관찰하지 않으며 우리를 죄인으로 간주하지 않으려는 법입니다. 당신의 아들 안에서 당신은 하나님의 역할과 우리 인간의 역할을 바꾸셨습니다. 그 결과 거룩하고 의로운 하나님이신 당신의 역할과 반역적이고 불의한 인간인 우리의 역할이 교환되었습니다. 우리에게 유리한 질서를 회복시키기 위해 당신 자신이 우리 자리에 대신 서셨습니다. 당신은 우리를 위해 복종하며 고난을 당하셨습니다. 당신은 우리 죄를, 온 인류의 죄를 제거하셨습니다. 당신은 그 일을 단번에 영원히 해내셨습니다.

태어나서부터 죽을 때까지 우리를 따라다니는 죄를 당신은 지워 버리셨고, 또한 우리가 매일 매 순간 이런저런 모양으로 범하는 죄책들을 당신은 제거하셨습니다. 죄책들 중에는 우리가 너무 잘 알고 있는 것들도 있고, 지금 볼 수는 없지만 선악을 심판하는 책이 펼쳐질 마지막 날에 모습이 드러날 것들도 있습니다. 그때 우리는 당신 앞에서 우리의 진정한 존재를 보게 될 것입니다. 당신은 그 모든 죄책을 깨끗이 지우셨습니다. 당신은 잘못도 없고 죄도 없는 새로운 인간(새로운 "우리"와 새로운 "나")을 창조하셨습니다. 새로운 인간은 당신의 마음에 흡족하고 당신의 눈에 의롭고 깨끗하며 오점도 없고 흠도 없는 인간입니다. 당신은 이런 인간을 먼저 창조하셨고, 그의 주변으로 우리를 불러 모았습니다. 당신 아들의 십자가 주변으로 불러 모았습니다. 그래서 우리로 우리 자신에게 내려진 판결을 증언하게 하셨습니다. 그분이 떠맡았던 죽음은 우리에게 내려진 판결이었습니다. 우리를 해방하기 위해 그분은 우리의 자리에서 우리를 대신하여 십자가의 죽음을 당하셨습니다. 우리는 그 판결을 받아들여야 합니다.

당신은 우리에게 당신의 성령을 주셨습니다. 그래서 당신이 새로운 인간 예수 그리스도 안에서 성취하셨던 창조의 사역은 우리 안에서 생동하는 사건이 되고 있습니다. 또한 이 사건 안에서 입증된 당신의 은혜는 우리의 것이 됩니다. 당신은 이 모든 것을 당신의 아들 안에서 행하셨기에, 그리고 당신은 당신의 성령을 통해 역사하고 계시기에, 당신은 우리에게 더 이상 의심을 허락지 않으시며, 죄와 관련해서 우리가 불확실성이나 불편한 심기에 머무는 것을 허락지 않으십니다. 우리의 죄책들은 지금부터 당신의 일이지 우리의 일이 아닙니다. 당신은 우리가 뒤돌아보는 것을 허락지 않으시고, 우리가 과거의 느낌에 억눌리는 것을 허락지 않으시며, 오늘 우리의 존재와 행위, 나아가 내일 우리의 존재와 행위에 억압되거나 얽매이는 것을 허락지 않으십니다.

우리의 시선을 당신께 향하는 것이 아니라 항상 우리의 죄에 고정시키는 방식은 지나간 과거가 되었습니다. 당신은 우리를 그런 과거와 단절시켰습니다. 예수 그리스도 안에서 당신은 "나"를 고쳐서 새로운 피조물로 만드셨습니다. 그래서 당신은 우리에게 앞을 바라보며 살도록 허락하시며, 그렇게 살라고 명령하십니다. 앞을 바라본다는 것은 지금 우리의 존재와 행위 혹은 과거 존재와 행위를 경솔히 여긴다는 뜻은 아니고, 우리의 신뢰를 오로지 우리의 미래의 존재와 행위에만 둔다는 의미도 아닙니다. 오히려 그와 정반대입니다. 우리는 항상 조심합니다. 우리는 우리가 이미 심판을 받은 존재라는 것, 앞으로도 그런 존재라는 것을 잘 알고 있습니다. 그러나 우리는 당신을 신뢰하며, 당신께서 행하신 것을 신뢰합니다. 당신이 내리신 판결과 당신이 우리를 위해 겪으신 죽음을 신뢰하며, 거기에 우리 자신을 맡깁니다. 여기서 언급되는 내용은 "다 이루었다"(요 19:30)라는 말씀에 해당합니다. 하지만 다 이루어진 그 완성은 우리에게는 미래이기도 합니다. 그것은 당신께서 우리를 위해 미리 마련해 놓으신 미래입니다. 우리는 우리의 미래를 향해 열려 있는 그 길을 다만 걸어가기만 하면 됩니다. 우리를 용서하심으로써, 당신은 우리가 이 길을 계속 달려갈 수 있는 자유를 선사하셨습니다.

그러나 우리가 알아야 하는 것이 있습니다. 그것은 "우리의 죄를 용서하여 주시고!"라고 간구하지 않고서는, 우리가 하나님께 진지하게 말하는 것이나 그분의 용서를 얻으려고 하는 것이 가능하지 않다는 사실입니다. 이제 중요한 것은 완성된 미래로 나아가는 것입니다. 믿는 것, 그리고 예수 그리스도를 통해 시작되어 움직이는 과정을 실현해 나가는 것은 우리의 몫입니다.

이제 우리는 우리의 삶을 본래 모습대로, 다시 말해 당신의 삶과 하나가 되어 살아가기를 원합니다. 우리는 당신이 우리를 옮겨 주신 그 자리에 있기를 원하며, 우리가 현실적으로 존재하는 그 자리, 당신이 우리를 위해 고난당하고 순종하고 삶을 체험하셨던 그 자리에 있기를 원합니다. 하나님이 그리스도 안에서 이전에 창조하셨던 그 새로운 인간을 우리는 다시 입기를 원합니다! 우리는 현실에 개의치 않고 무관심하게 살려고 하지 않고, 하나님이 우리를 위해 행동하셨던 바로 그 현실 안에서 살려고 합니다! 성령께서 우리에게 우리가 당신의 자녀라고 확증해 주실 때, 우리가 성령을 거역하지 않게 되기를 원합니다. 우리가 당신의 자녀인 것은 우리에게 그럴 만한 자격이 있기 때문이 아니라 당신의 자유로운 긍휼 때문이며, 당신이 육신 안의 죄를 물리치시고 당신의 가련한 피조물들을 하늘의 높은 곳으로 고양시키셨기 때문입니다. 성령이 이렇게 말씀하실 때, 우리가 성령을 거스르지 않게 되기를 원합니다! 우리의 과거가 어떠하든, 현재가 어떠하든, 미래가 어떠하든, 당신의 용서는 우리를 계속해서 거룩하게 합니다! 우리는 우리의 거룩함이 당신의 거룩함 이외의 다른 어떤 것도 아님을 알고 있습니다. 우리는 우리의 그 거룩함이 우리의 두려움과 곤경, 우리의 정결하지 못한 모든 것에 대해 승리할 것을 압니다. 그렇습니다. 우리는 확실히 알고 있습니다. 당신께서 당신의 아들의 재림 안에서 우리가 잘못한 모든 것과 우리의 수치스러운 행위들, 우리의 죄책들, 우리의 숨겨두었던 모든 것을 당신의 빛 안에서 최종적으로 펼쳐 드러내실 그날까지, 당신의 용서는 우리를 거룩하게 할 것입니다. 그러나 그보다 더욱 위대한 일이 있습니다! 당신은 우리를 용서하시는 당신의 법을 우리에게 나타내실 것이며, 우리의 비참한 상태를 극복하고 승리를 거둔 당신의 자비하신 정의를 우리에게 계시하실 것입니다. **우리를 용서하소서!** 오늘, 그리고 당신의 은혜가 우리에게 허락하는 날 동안, 당신이 우리에게 선물하신 용서의 자유 안에서 우리가 살 수 있게 해주소서!

그렇습니다. 우리가 기도해야 할 것이 또 있습니다. 다른 사람들에게 베풀어야 할 용서에 대해 생각할 때, 우리는 기도할 수밖에 없다는 것을 더욱 많이 느낍니다. 기도라는 작은 몸짓의 실행을 거부한다면, 우리는 하나님의 용서를 받아들였다고 말하기 어렵습니다.

이와 같이 다섯 번째 간구에서 우리는 죄책의 빚을 갚을 능력이 없다는 파산선고를 고백합니다. 누군가 이 고백을 하지 않으려고 한다면, 그는 하나님께 용서를 구하는 것을 포기해야 할 것입니다. 우리는 우리 자신에게 속한 본래적인 일을 잃어버렸다는 것을 인정해야 합니다. 하지만 그것을 인정하면, 잃어버렸던 그것이 우리에게 승리의 일이 될 것입니다. 왜냐하면 이제 그것은 이미 용서하셨고 지금도 용서하시는 분의 손 안에 있기 때문입니다.

우리를 시험에 빠지지 않게 하시고 악에서 구하소서!

여기서는 큰 시험에 대해 말해지고 있습니다. 이 기도에 관계되는 것은 단순한 해악das Übel이 아니라 악das Böse과 악한 자der Böse(바르트는 여기서 마귀를 염두에 두고 있다—옮긴이)입니다.

죽음에까지는 이르지 않는 작은 시험과 죄들이 있습니다. 나는 대략 이렇게 말하고 싶습니다. 하나님은 우리에게 일생 동안 일시적인 작은 시험을 보내십니다. 그 시험들은 나이에 따라 상이합니다. 청년을 향한 시험도 있고, 중년과 노년을 향한 시험도 있습니다. 하나님께서 우리에게 시험을 보내시는 것은 그것이 우리에게 필요하기 때문입니다. 그것들은 우리가 이겨낼 수 있는 시험입니다. 더구나 야고보서는 시험이 기쁨의 대상이 될 수 있다고까지 말합니다. "내 형제들아, 너희가 여러 가지 시험을 당하거든 온전히 기쁘게 여기라"(약 1:2). "시험을 참는 자는 복이 있나니……"(약 1:12). 내적으로 혹은 외적으로 고난의 원인이 되는 해악의 일이 있습니다. 그런 것은 아마도 매우 힘든 것이며, 누구도 원하지 않는 것입니다. 하지만 가까이서 자세히 살펴보면 그런 것들은 견딜 수 있는 것입니다. 나아가 우리는 바울과 함께 이렇게 말할 수 있습니다. 시험들은 "하나님을 사랑하는 자……들에게는 합력하여 선을 이루느니라"(롬 8:28). 우리는 시험들과 이런 해악들은 무조건 모면하게 해달라고 간구해서는 안 됩니다. "하나님, 언제나 선하신 당신의 뜻과 의도대로 욥, 다윗, 그리고 당신의 거룩한 자들이 빠져들 수밖에 없었던 그런 곳으로 나를 끌어들이지 마소서!" 누군가 이런 식으로 하나님께 기도한다면, 그는 옳지 않습니다. 누군가가 "위험하고 근심거리가 될 수 있는 모든 것으로부터 우리를 구하소서!"라고 외친다면, 그는 잘못 생각하고 있는 것입니다. 주기도의 여섯 번째 간구가 말하는 것은 그런 종류의 제한적 해악들이나 다소 견딜 만한 성격의 작은 시험들이 아닙니다.

큰 시험, 종말론적 시험이 있습니다. 이 시험도 보다 작은 시험들 안에서 분명히 알려질 수 있기는 하지만, 그러나 그것 자체는 본질적으로 완전히 다른 종류의 것입니다. 말하자면 그것은 악惡의 사역입니다. 도덕적이고 육체적인 문제들이 실제로 이런 악의 사역과 마주칠 수 있고, 악의 치명적인 활동의 표현이 될 수도 있습니다. 여기서 우리는 피상적인 악한 일과 근원적인 악을 구분해야 합니다. 여섯 째 간구가 표현하는 악은 사람들이 확연히 의식할 수 있고 저항할 수 있는 통상적인 위험이 아닙니다. 오히려 그것은 하나님 자신에게 대적하는 무無, das Nichtige의 무한한 위협을 가리키고 있습니다. 그것은 피조물에게 단지 일시적인 위험이나 이차적 의미를 지닌 파괴나 순간적인 악화를 가져오는 그런 위협이 아니라, 완전한 파멸과 궁극적인 절멸을 초래하는 위협입니다. 그것은 극단적인 시험입니다. 그 안에는 우리에게 유익이 될 수 있는 그 어떤 선한 것도 없습니다. 그것 안에는 결실이 없습니다. 그것이 우리를 덮칠 때, 우리는 그것에 관하여 "그로 인해 기뻐하라!"라고 말할 수 없습니다. 그것에는 희망이 없습니다. 그것은 참고 견딜 수 없는 악이며, 선善과 경쟁관계에 있는 어떤 것이 아닙니다. 이런 위협은 실제로 존재합니다. 그것은 자신의 현존을 알립니다. 하지만 이런 극단적이고 헤아리기 어려운 악은 창조 세계에 속해 있지 않습니다. 창조 세계에 속하는 해악도 있습니다. 그런 것은 상대적이고 견딜 만하다고 우리는 이미 말했습니다. 여기서 말하는 악한 것들은 하나님이 원하셔서 창조하신 사물들에 속하지 않습니다. 하나님 자신이 창조의 우측 경계라고 하면, 그것은 하나님의 창조의 좌측 경계에 인접해 있습니다. 이와 같은 절대적인 악은 우리 모두가 알고 있는 형태, 곧 죄와 죽음의 형태로서 창조 세계로 돌진해 들어옵니다. 이것은 성서가 마귀라고 부르는 것이 주도하는, 불법적이고 이해불가하고 설명되지 않는 통치권 아래서 나타납니다. 피조물은 이런 위협에 대해 방어할 능력을 가지고 있지 않습니다. 하나님은 그것보다 우월하시지만 피조물은 그렇지 않습니다. 한번 자리를 잡으면 마귀는 끝없이 파괴를 자행하는데, 하나님이 지켜 주시는 영역 밖에서 우리가 그것에 대항해서 할 수 있는 것은 아무것도 없습니다. 하나님이 계시지 않는 곳, 하나님이 나서지 않으시는 곳에서는 다른 자가 지배합니다. 다른 어떤 선택의 여지는 없습니다.

루터나 칼뱅과 같은 종교개혁자들도 작은 시험들만이 아니라, 크고 두려운 시험에 대해서도 잘 알고 있었습니다. 그들은 그것이 악한 자(마귀)와 관계된다는 것을 알았습니다. 그들은 그

악에게 경의를 표하지 않았습니다. 악은 경의를 받을 가치가 없기 때문입니다. 그러나 그들은 악이 실제로 존재한다는 것을 알았습니다. 물론 그들은 인간의 악한 성향도 고려했고, 교황이나 종교개혁 활동에 반대했던 모든 사람도 생각했었습니다. 하지만 그것이 전부는 아니었습니다. 그들은 인간들의 반대만 있다고 생각하지 않았습니다. 우리를 불안하게 만들고 근심으로 채우는 저 모든 악한 것을 만들어 내는 악한 자가 따로 있습니다. 하나님의 원수는 또한 그분의 피조물과도 대적하는 원수입니다. 주기도의 마지막 간구를 바르게 기도할 수 있기 위해서 우리는 종교개혁자들이 사태를 바르게 파악했었다는 사실을 알아야 합니다.

나는 마귀에 관하여 설교할 생각을 전혀 갖고 있지 않습니다. 우리는 마귀에 대해 설교할 수 없습니다. 나는 여러분을 불안하게 만들려는 의도가 전혀 없습니다. 하지만 우리와 같은 현대 그리스도인들이 너무 쉽게 무시하는 어떤 현실이 있습니다. 하나님이 우리를 도우러 오지 않으신다면 우리로서는 전혀 저항할 수 없는, 우월하면서도 피할 수 없는 원수가 실제로 존재합니다. 나는 마귀에 관한 신학적 논의 곧 마귀론을 좋아하지 않고, 오늘날 독일이나 다른 곳에서 이 주제를 다루는 방식도 마음에 들지 않습니다. 여러분은 내게 마귀에 대해 묻지 마십시오! 나는 전문가가 아닙니다. 그럼에도 불구하고 우리는 마귀가 실제로 존재한다는 것을 알아야 합니다. 그러나 바로 그 다음에 우리는 즉각 서둘러 마귀로부터 멀어져야 합니다.

우리 아버지, 당신께 간구합니다. 창조의 좌측 경계, 곧 파멸을 불러오는 이 경계를 피할 수 있도록 우리를 지켜 주소서! 당신의 자녀들을 이끄시며, 예수 그리스도를 통해 구원받은 우리를 인도하여 주소서! 우리는 마땅히 받아들여야 하는 투쟁을 면하게 해달라고, 넉넉히 감당할 수 있는 고난을 면하게 해달라고 간구하지 않습니다. 그러나 우리의 모든 힘보다 더 강한 그 원수와 마주치는 일은 면하게 하여 주소서! 우리의 모든 지혜—우리가 신학 안에 투입하는 지혜를 포함해서—보다 교활하고, 우리 자신보다 훨씬 감정도 풍부한—마귀도 또한 감정이 엄청나게 풍부하기에!—그 원수와의 만남을 면하게 하여 주소서. 그 원수는—마귀도 또한 경건하기에!—옛날의 혹은 현대적 경건성이나 신학적 경건성을 포함한 모든 그리스도교적 경건성보다 더욱 경건합니다. 우리 힘으로는 방어할 수 없고 우리를 근원적·궁극적으로 무디게 만들 수 있는 그런 악의 가능성으로부터 우리를 안전한 곳으로 옮겨 주소서!

이것은 많은 다른 시험들, 다소간에 슬프거나 어두운 시험들 가운데 속한 한 가지가 아닙니다. 오히려 그것은 극단적 유혹이며, 불가능한 것이 가능한 것이 되는 가장 강한 시험입니다.

악에서 우리를 구하소서!

우리는 악의 권세를 예리하게 느끼고 식별하고 확인해야 합니다. 사실대로 말하자면 악의 권세는 단지 사이비 권세Pseudo-Macht이고 거짓 권세입니다. 그것은 현실적인 권세가 아닙니다. 끔찍한 것은 악의 권세가 비현실적인 것임에도 불구하고 마치 현실인 것처럼 활동한다는 것입니다. 하지만 비현실적이라는 이유에서 그것을 경시하는 것은 도움이 되지 않습니다. 악의 권세가 위험한 것은 그것이 음흉하고 교활한 권세이기 때문입니다. 하지만 그 권세는 매우 진지한 현실적 의미로 지배력을 행사합니다. 우리가 죄인이기 때문에 그것은 우리에 대한 지배력을 가집니다. 우리는 그 권세에게 굴복했습니다. 우리는 "죽음의 아가리" 안에 있습니다. 이로 인해 우리는 탄식하며 고난을 당하고 있습니다. 하지만 우리는 그 권세로부터 벗어날 수 없습니다.

그리스어 단어 "리사이"rhysai는 "우리를 구하소서"를 의미할 뿐만 아니라 "죽음의 아가리를 찢어 우리를 건져내어 주소서"를 의미하기도 합니다. 구약성서의 시편들은 처음부터 끝까지 이런 의미에서 "우리를 건져내어 주소서"라는 부르짖음으로 가득 차 있습니다. 그리스도교 신앙도 주기도의 여섯 번째 간구에서 시편의 그런 부르짖음을 수용합니다. 그리스도교 신앙은 예수 그리스도를 알고 있기에, 그 원수도 알고 있습니다. 그리스도교 신앙은 예수 그리스도께서 인간의 악한 의지뿐만 아니라 하나님을 대적하고 피조물을 공격하는 원수에게도 항거하셨다는 것을 알고 있습니다. 원수의 섬뜩한 악의를 폭로하기 위해서 하나님의 아들이 오셔야 했습니다. 그래서 주기도는 "깊은 곳에서의 부르짖음"De profundis(시 130:1)으로 완결됩니다. "깊은 곳에서의 부르짖음"으로 끝나지 않는다면, 우리의 기도는 예수 그리스도께서 우리에게 가르쳐 주셨던 것에 응답하지 않는 것이 됩니다.

"깊은 곳에서 부르짖는" 주기도의 마지막 간구는, 우리가 하나님께 간구하는 것을 그분이 이미 행하셨다는 것을 우리가 이미 잘 알고 있다는 사실을 전제하고 있습니다. 우리는 창조의 경계선 좌편에 놓인 저 원수의 위험보다 그 사실을 더 잘 알고 있는 것입니다. 우리가 그렇게 간구하려고 생각하기도 전에, 그 간구를 "우리를 시험에 빠지지 않게 하소서!"라는 문장 형태로 옮기기도 전에, 하나님은 이미 그것을 행하셨습니다. 진실로 하나님께서는 우리를 그 시험 안으로 밀어 넣지 않으십니다.

그렇습니다. 당신은 결코 그렇게 하지 않으십니다. 당신은 우리 아버지이기 때문입니다. 아들 안에서 자신을 계시하신 당신이 어떻게 그렇게 하실 수 있겠습니까? 당신은 두 얼굴을 가지신 분이 아닙니다. 저 큰 시험에 대한 당신의 태도는 애매모호하지 않고 분명합니다. 당신이 그 큰 시험에 대해 보이신 저항은 명확하고 뚜렷합니다. 창조의 첫날부터, 당신이 "빛이 있으라!"고 말씀하셨던 그때부터 상황은 그러했습니다. 우리의 아버지시여! 당신은 결코 악에 관여하지 않으시며, 악과 타협하지 않으시며, 악을 관용하지 않으십니다. 무無, das Nichtige의 위협이 단 한 번도 당신으로부터 온 적이 없고, 단 한 번도 당신은 그것을 관용하거나 허락하신 적이 없습니다. 오히려 정반대입니다. 우리를 당신의 길로 인도하실 때, 당신의 은혜의 길과 용서의 길로 인도하실 때, 당신은 우리를 결코 창조의 경계선의 좌편으로 이끌지 않으실 것입니다. 항상 우리를 그 경계선 우편으로 인도하실 것입니다. 당신의 말씀을 따를 때, 우리는 저 큰 시험에 빠지지 않을 것을 확신합니다. 당신이 우리를 위해 예비하셨고 당신의 아들 안에서 계시하셨던 그 길을 우리가 따른다면, 우리는 항상 그런 혼돈으로부터 보호받을 것입니다.

당신이 우리를 악에서 구하실 것입니다.

하나님, 당신은 해방자이지 않습니까? 오로지 한분만이 결정적으로 해방시킬 능력을 갖고 있습니다. 당신이 바로 그분입니다. 우리는 이제 당신이 위대한 해방자이심을 압니다. 당신이 친히 나서서 저 왕위 찬탈자 곧 악과 맞서셨습니다. 악의 통치권은 폐지되어야 합니다. 그것은 당신의 창조와 아무런 관계가 없는 것이기 때문입니다. 마귀들이 통치하는 권세를 멸하기 위해 당신은 앞을 향해 진격하셨습니다. 당신은 사탄이 하늘로부터 번개처럼 떨어지게 하셨습니다. 우리는 그 광경을 보았습니다. 당신의 아들이 부활하는 사건에서 당신은 어둠의 권세를 이기셨습니다. 당신은 수많은 표적과 기적으로 당신의 승리를 알리셨습니다. 그리고 아들의 이름으로 행하여지는 세례를 통해, 성만찬에서 그의 몸과 피의 현존을 통해 당신은 여전히 그 승리를 우리에게 알리고 계십니다.

당신은 이미 저 악의 아가리를 찢어 우리를 건져내셨습니다. 당신께 영광을 돌립니다! 우리는 더 이상 악의 위협을 받고 있다거나 그것을 두려워한다는 인상을 주어서는 안 됩니다. 우리는 이렇게 기도해야 합니다. 우리를 시험에 빠지지 않게 하시고 악에서 우리를 구하소서! 당신은 인도자로서 우리에게 길을 보이시며, 우리가 발걸음을 떼기 전에 길을 열어 주십니다.

신실하고 과오가 없으신 인도자시여, 지금 우리와 함께하소서! 당신은 승리로 빛나는 대장이십니다. 당신 앞에서 악은 바보에 불과하며, 우스꽝스러운 환영幻影에 불과하며, 허무Nichts에 불과합니다.

우리는 잘 알고 있습니다. 당신이 계시지 않는다면, 상황은 그렇지 않을 것입니다. 우리의 길은 좋은 길이 되지 않을 것입니다. 우리의 도덕적·종교적 시도들은 승리할 수 없을 것입니다. 당신이 계시지 않는다면, 시험과 악과 마귀를 제압하고 이기려는 우리의 시도는 오히려 상황을 악화만 시킬 것입니다. 오로지 당신만이 홀로 우리를 보호할 수 있으며, 우리를 이런 상황으로부터 건져낼 수 있습니다. 다시 한 번 당신께 영광을 돌리며 우리의 모든 신뢰를 당신께 둡니다. 그렇습니다. 바로 이것이 하나님께서 우리에게 베푸시는 마지막 자유입니다.

그렇기에 우리가 기도해야 할 것이 있습니다. 주기도의 이와 같은 마지막 간구가 없다면, 우리의 간구에 앞서서 하나님이 미리 들어주시지 않는다면, 우리는 싸울 수도 없고 심판을 받을 뿐만 아니라 무無, ins Nichtige로 되돌아가고 말 것입니다.

모든 영광은 당신의 것입니다! 당신은 우리를 멸망시키려고 했던 자를 멸망시키셨습니다. 당신은 우리를 사랑하셨습니다. 당신은 지금도 우리를 사랑하십니다. 당신의 사랑은 효력을 발생합니다. 그 사랑은 영원히 우리를 구원합니다.

03

하나님께 드리는 찬양—송영

이 주제에 대해서는 짧게 말하려고 합니다. "왜냐하면 나라와 권능과 영광이 영원히 아버지의 것입니다"라는 이 구절은 복음서의 원래 본문에 속하지 않기 때문입니다. 이 구절은 문헌적 전문성을 갖춘 원문이 아닙니다. 이런 사실 관계에는 의심의 여지가 없습니다. 이 구절은 주기도를 예전에서 사용하기 위해 나중에 추가되고 확장된 구절입니다. 예배 집례자가 주기도의 여섯 개 간구를 선창할 때, 교회에 모인 회중 전체는 이에 대한 화답으로 이 구절을 암송하거나 노래했습니다. 하지만 이런 사실이 이 구절의 의미를 묻는 것을 방해하지는 않습니다. 주기도의 마지막 부분에서 이와 같은 송영 혹은 찬양을 말하거나 노래했을 때, 2세기 초대교회의 사람들은 무엇을 생각했을까요? 먼저 우리는 이 송영이 "악에서 우리를 구하소서!"라는 여섯 번째 간구와 관련되어 있다고 생각해 볼 수 있습니다. 나라와 권능과 영광은 하나님에게 속하는 것이지, 마귀, 죄, 죽음, 지옥에 속하는 것이 아닙니다. "왜냐하면"(우리말 번역에는 '대개'로 번역되었다—옮긴이)은 다음 사실을 의미합니다. 나라와 권능과 영광은 당연히 아버지의 것이기에, 바로 그렇기 때문에 우리는 당신께 "악에서 구하소서!"라고 간구합니다. 이렇게 달리 말할 수도 있습니다. "우리를 악으로부터 해방하시는 일을 통해 당신이 왕이시고 권능을 가지시며 영광을 받으신다는 사실을 보여주시고 입증하여 주소서!"

이와 다른 두 번째 설명도 가능합니다. 물론 이 설명이 첫 번째 설명을 반드시 배제하는 것은 아닙니다. 그것은 주기도의 이와 같은 마지막 구절이 주기도 전체를 감싼다는 설명입니다. 이것은 다음과 같은 생각을 가리킵니다.

> 나라와 권능과 영광은 아버지 당신께 속하는 것이고, 우리 인간이나 그리스도인 혹은 경건한 사람에게 속하는 것이 아니기 때문에, 기도하는 것은 필연적이라는 것입니다. 우리가 당신께 간구하는 이 모든 것은 오로지 당신만이 행하실 수 있습니다. 그래서 우리는 당신께로 향합니다.

『하이델베르크 교리문답』(128번 질문)은 이렇게 설명합니다.

> 당신은 우리의 왕이시며 전능하십니다. 당신은 우리에게 모든 좋은 것을 주실 수 있고 주기를 원하십니다. 따라서 찬양을 받을 것은 우리의 이름이나 그리스도인들의 이름, 혹은 교회의 이름이 아니라 오로지 당신의 거룩한 이름입니다.

아멘

이제 우리는 마지막 "아멘"에 대하여 루터와 『하이델베르크 교리문답』이 말한 것을 기억하는 것으로 마치려고 합니다. 루터는 "아멘"을 말하는 것이 아주 좋은 일이라고 강조합니다. 다시 말해, 기도할 때 우리는 의심을 배우는 것이 아니라 믿는 것을 배웁니다. "아멘"은 "그렇게 되기를!"을 의미하기 때문입니다. 기도는 우연에 내맡기는 시도가 아니며, 미지의 세계를 향한 여행도 아닙니다. 기도는 시작에서와 마찬가지로 이런 확신으로 마쳐야 합니다. "맞습니다. 그렇게 이루어질 것입니다!"

『하이델베르크 교리문답』(129번 질문)은 이렇게 설명합니다. 아멘이 의미하는 것은 우리가 우리 자신 안에서 필요와 소원에 대해 느끼는 확실성보다 하나님께서 우리 기도를 들어주실 것이라는 확신이 훨씬 크다는 사실입니다. 우리가 간청하는 것이 우리의 기도에서 가장 확실한 일이 아닙니다. 우리 기도에서 가장 확실한 것은 하나님으로부터 오는 것인데, 그것은 하나님이 우리 기도를 들어주신다는 사실입니다.